Ton van der Kroon

Die Rückkehr des Löwen

Ton van der Kroon

Die Rückkehr des Löwen

Von Liebe, Lust und Herzenspower

Ein Buch für Männer

Verlag Hermann Bauer
Freiburg im Breisgau

Die Deutsche Bibliothek – CIP-Einheitsaufnahme

Kroon, Ton van der:
Die Rückkehr des Löwen : von Liebe, Lust und Herzenspower ;
ein Buch für Männer / Ton van der Kroon. [Dt. von Ute Hempen]. –
2. Aufl. – Freiburg im Breisgau : Bauer, 1999
   Einheitssacht.: De terugkeer van de koning ⟨dt.⟩
   ISBN 3-7626-0583-1

Die niederländische Originalausgabe erschien 1996 bei
Uitgeverij Ankh-Hermes bv, Deventer, unter dem Titel
*De terugkeer van de koning. Het book voor mannen over liefde,
lust en leiderschap.*
© 1996 by Uitgeverij Ankh-Hermes bv, Deventer

Deutsch von Ute Hempen

2. Auflage 1999
ISBN 3-7626-0583-1
© für die deutsche Ausgabe 1998 by Verlag Hermann Bauer KG,
Freiburg im Breisgau
Lektorat: Giovanni Bandini, Mauer
Einband: Markus Nies-Lamott, Freiburg im Breisgau, unter Verwendung
eines Fotos von einer Skulptur von Arnold Steimle
Satz: Fotosetzerei G. Scheydecker, Freiburg im Breisgau
Druck und Bindung: Clausen & Bosse GmbH, Leck
Printed in Germany

Für Raya

»Du hast vergessen, wer du bist,
und darüber hast du mich vergessen.
Schau in dein Inneres. Du bist mehr,
als was bis jetzt aus dir geworden ist.
Du bist mein Sohn, der einzig wahre König.
Du mußt deinen Platz im Kreis des Lebens einnehmen.

Denk daran, wer du bist.«

Mufasa
Aus: *Der König der Löwen*

Inhalt

Vorwort zur deutschen Ausgabe

Im März 1997 reiste ich mit meinem Vater für zwei Tage nach Berlin, um für die deutsche Ausgabe dieses Buches zu recherchieren. Es war das erste Mal, daß ich allein mit meinem Vater irgendwohin fuhr, und wir genossen beide den neugeknüpften Kontakt. Es waren die zwei ersten Frühlingstage des Jahres, und wir wurden von dem Leben, das überall in Berlin wieder sprudelt und brodelt, überrascht.

Bildlich gesprochen scheint sich Berlin buchstäblich für »Die Rückkehr des Löwen« herzurichten, insofern, als die Führung des Landes wieder an ihren alten, rechtmäßigen Platz zurückkehrt. Nachdem es so lange zerrissen und verwundet war, kann Berlin wieder zum pulsierenden Herzen Deutschlands werden.

Dieses Buch behandelt zwei Ebenen: die innere Ebene, auf der die Rückkehr des Löwen den Mann symbolisiert, der wieder aus seinem Herzen, aus der Mitte seines Wesens heraus leben kann.

Auf der äußeren Ebene geht es um Führung, die vom Herzen ausgeht und Aktivität wieder mit Liebe, männliche Tatkraft mit weiblicher Weisheit verbindet.

Deutschland wird bei der Vereinigung und Heilung Europas eine sehr wichtige Rolle spielen, wie es auch der Ort war, an dem das »Böse« angefangen hat. Wenn es seine inneren Wunden heilen kann, wird die Kraft seiner Verwandlung in ganz Europa spürbar werden. Das gleiche gilt für das »innere Reich« eines jeden Mannes: Wenn ein Mann seine Wunde heilen kann – die jeder irgendwo in sich trägt – wird er für viele, die nach ihm kommen, eine Führungspersönlichkeit sein und Macht in Kraft, Schuld in Stolz, Scham in Bewußtsein des eigenen Wertes und Angst in Liebe verwandeln. Eine neue Stimme wird uns voller Mitgefühl in ein neues Jahrtausend führen. Bis dahin werden wir das Alte wegräumen müssen, um Platz für das Neue zu schaffen.

Dieses Buch basiert auf einigen Initiationsgeschichten. Initiation bedeutet wörtlich »Hineingehen« – sie bedeutet das Betreten der Seelenwelt, der Innenwelt. In unserer Zeit wird das Bedürfnis nach Kontakt mit dieser inneren Welt immer spürbarer. Ohne die Verbindung zwischen der Seele und dem täglichen Leben verlieren wir den Sinn; unser Leben wird leer, und wir versuchen, es mit allerlei Ersatzwerten zu füllen.

In der heutigen Zeit gibt es fast keine Initiationsrituale mehr, wie wir sie aus früheren Zeiten kennen. Der Übergang vom Jungen zum Mann ist eine in Vergessenheit geratene Entwicklungsstufe, und es gibt kaum Initiatoren, »alte Weise« oder Mentoren, die Männern Halt geben könnten, wenn sie mit ihrem eigenen Selbst in Kontakt kommen. Rituale sind verschwunden oder zu Konventionen verflacht. Was uns bleibt, ist eine zerbrechliche und oft unreife Männlichkeit: Männer, die nicht mit sich selbst in Kontakt sind, denen der Sinn abhanden gekommen ist und die oft von unbewußten Gefühlen und Bedürfnissen gesteuert werden. Sie sind bezüglich ihrer männlichen Identität verwirrt oder halten an einem starren und veralteten Bild von Männlichkeit fest. Hinter den Masken verbergen sich oft Unsicherheit, Angst und Verdruß – Regungen, die keinen Platz in unserer Vorstellung von Männlichkeit haben. Viele Männer sind zu einsamen Kämpfern geworden; sie schaffen es schon allein … Ihnen fehlt der Kontakt zu ihrem Vater, ihrem ersten Vorbild für Männlichkeit. Der Kontakt zu anderen Männern äußert sich oft in Gestalt von Kampf und Wettbewerb – oder gerade umgekehrt in argwöhnischer Distanz. Gefühlsdinge besprechen sie lieber mit Frauen, aber ihnen fehlt die Geborgenheit und die Kraft, die der Kontakt mit Männern ihnen geben könnte.

Die in diesem Buch vorgestellten Initiationsgeschichten sollen dazu anleiten, den Weg nach innen neu zu beschreiten. Sie sind Wegweiser auf dem Weg der persönlichen Entwicklung. Sie können als Inspiration und Kompaß dienen. Sie führen uns am rationalen Denken vorbei in die Bereiche des Unbewußten. Der

Initiationsprozeß ist kein intellektueller Vorgang, auch wenn die Ratio daran beteiligt ist. Er führt uns zu unserem innersten Wesen, zu dem, was wir eigentlich sind und was wir in der Welt zu tun haben. Bei diesem Prozeß ist der Kontakt und Austausch mit anderen Männern von unschätzbarem Wert. Denn auch wenn es keine »alten Weisen« mehr gibt, hält jeder ein Teil von dem Puzzle in Händen, welches zuletzt das ganzheitliche Bild des Mannseins ergibt.

Eines der großen Mißverständnisse in der Diskussion über Männer ist das »Sich-verändern-Müssen«. »Die Männer müssen sich ändern« ist ein Seufzer, der in der Gesellschaft oft erklingt, häufig aus dem Mund von Frauen. Aber »müssen« und »verändern« vertragen sich nicht. Wirkliche Veränderung entspringt dem tiefen Verlangen, man selbst zu sein: sich selbst anzunehmen, wie man ist, mit all seinen Schwächen und Stärken, und sich trauen, dafür einzustehen. Vielleicht ist der Begriff »Entwicklung« in seiner wörtlichen Bedeutung treffender: sich selbst freimachen von unnötigem Ballast und angelernten Verhaltensweisen, so daß nur der wahre Kern übrigbleibt. Kein Buhmann, kein Trottel, kein Held oder Gott, sondern ein *Mann*.

Der gegenwärtige gesellschaftliche Veränderungsprozeß erweckt den Anschein, als ob Frauen die Vorreiterinnen seien. Aus einer unterdrückten Position heraus sind sie es, die für eine andere Art des Zusammenlebens, für andere Formen von Beziehungen und andere Rechte und Pflichten gekämpft haben. Von außen betrachtet sieht es so aus, als ob die Männer zurückblieben, aber der Schein kann trügen. Die Männer müssen einen anderen Weg gehen. Ihr Weg liegt im Stillen, weil es ein schmerzhafter und keineswegs glorreicher Weg ist. Während die Frauen viel zu gewinnen haben, haben die Männer zunächst viel zu verlieren. Dieser Weg bedeutet, auf Macht zu verzichten und der Ohnmacht und dem Schmerz ins Auge zu sehen. Dennoch braucht man genausoviel Mut, diesen Weg zu gehen und sich langsam in die Höhlen der Seele herabzulassen.

Allmählich kehren die ersten Männer von dieser Reise durch die »dunkle Nacht der Seele« zurück und erzählen, wie es ihnen ergangen ist. Sie sind Wegweiser für diejenigen, die gerade alles verlieren, weil ihnen ihre Stelle gekündigt wird, ihre Frau sie verläßt oder weil sie krank geworden sind. In einer Zeit, in der männliche Werte und patriarchalische Strukturen abbröckeln, entsteht langsam ein neues Männerbild: das Bild eines Mannes, der seine weiblichen und männlichen Eigenschaften in sich vereinigt hat und Verantwortung für sich selbst und die Welt um sich herum übernimmt. Kein Macho, kein Softie, sondern ein Mann, der sich einfühlen, der aber auch entschlossen auftreten kann: ein Mann, der aus dem Herzen heraus handelt.

Wieder einmal ereignet sich die archetypische Geschichte von dem Jungen, der zum Mann wird, der die Rolle des Sohnes und Prinzen hinter sich läßt und die Rolle des Vaters und »Löwen« – des Königs – übernimmt. Das ist die psychische Entwicklung, die uns mittlerweile fremd gewordene Märchen und alte Initiationsmythen auf mannigfache Weise beschreiben: der Prozeß des Geborenwerdens, des innerlichen Sterbens und des langen schweren Weges, der sich daran anschließt und uns zur Neugeburt führt, dieses Mal bei vollem Bewußtsein. Diese immer wiederkehrende Geschichte handelt von einem uralten, aber immer aktuellen Thema: der Rückkehr des Löwen.

Ton van der Kroon

1. Mythologie oder Der Abstieg zur Seele

Der Sitz der Seele ist da, wo sich Innenwelt und Außenwelt berühren.   Novalis

Es gibt besondere Zeiten in der Geschichte, in denen viele Geheimnisse entschleiert werden und verborgene Erinnerungen an die Oberfläche steigen. So, wie es auf der Erde bestimmte Plätze gibt, an denen die Energie stärker fließt, sogenannte Orte der Kraft, gibt es auch bestimmte Kraftpunkte in der Zeit; Zeiten, die Veränderung, Offenbarung, Chaos und Kreativität hervorbringen, Zeiten der Magie und Verwandlung. Gegenwärtig scheint eine solche Zeit zu sein. Prophezeiungen in allen großen Religionen weisen auf diese Periode der Weltgeschichte hin. Seher, Propheten und medial Begabte haben Weissagungen über den Zeitraum um das Jahr 2000 und den Übergang in ein neues Zeitalter und eine neue Phase des menschlichen Bewußtseins geäußert. Gleichzeitig nimmt die Angst vor der Veränderung zu. Chaos verursacht Unsicherheit, und viele Menschen und Gruppierungen sehnen sich nach der Sicherheit des Alten zurück, nach den festen Regeln, Normen und Werten, die uns in der Vergangenheit Halt gaben. Wir wissen, was wir hatten, nicht aber, was wir bekommen. Es sind die Geburtswehen eines neuen Jahrtausends.

Eine derartige Zeit benötigt Helfer, die auf ihre eigene Weise und in ihrem Bereich Menschen helfen, die Veränderungen zu bewältigen. Sie sind die »change-agents« dieser Zeit, die Sterbebegleiter des Alten und die Hebammen des Neuen. Sie erscheinen in der Gestalt von Therapeuten, Organisationsberatern, Heilern, Schamanen, Politikern, alten Weisen und jungen Querdenkern und von all denjenigen Menschen, die ihren Glauben an und ihr Vertrauen in die Menschheit behalten haben. In einer Zeit, in der die Geschichte auf des Messers Schneide balanciert, in der die zahlreichen Krisengebiete in der Welt kurz vorm Explodieren stehen, sind Menschen nötig, die weiterhin vertrauen und aus einem positiven Menschenbild heraus handeln.

Manche Helfer kommen auch in Gestalt von Geschichten daher: alten Mythen und Märchen, die plötzlich wieder Bedeutung erlangen, nachdem sie jahrhundertelang unter dem Staub der Vergessenheit geruht haben. Mythos, Fabel und Märchen sind uns im Lauf der Jahrhunderte zu Begriffen geworden, die für Unwahrheit, Einbildung, Kindermärchen und Verdrehungen der Wirklichkeit stehen. Ahnungslos übersehen wir einen der größten Schätze der westlichen Kultur, ein spirituelles Vermächtnis, das durch die Jahrhunderte von Eltern zu Kindern, von Erzähler zu Erzähler weitergegeben wurde. Es sind Geschichten, die uns führen können, die uns erzählen, wer wir in Wirklichkeit sind. Mythen sind eine Art Karte für die Psyche, eine Landkarte mit den wichtigsten Hauptverkehrsstraßen, aber auch den kleinen Straßen, den Schleichwegen, den Kreuzungen und den großen Städten oder der stillen Weite, die wir suchen. Und noch wichtiger: Sie zeigen uns auch, wo unser Zuhause liegt. Für jeden, der auf der Suche nach seinem Zuhause ist, sind sie ein unverzichtbares Hilfsmittel.

Wir könnten Mythen auch als eine Art »Software für die Seele« betrachten. Indem wir Geschichten mehrmals lesen oder uns eingehend mit ihnen beschäftigen, installieren wir gleichsam ein bestimmtes Programm in der Psyche, ein Programm mit einem festen Schema, das sich allmählich entfaltet. Alltägliche Begebenheiten, die manchmal unbedeutend erscheinen, oder Entscheidungen, die wir treffen, erhalten durch dieses Programm eine tiefere Bedeutung und lassen uns den Sinn der Dinge besser verstehen.

Mythen und Erzählungen sind gewissermaßen Tore zur mythologischen Realität, genauso wie es Rituale, Meditationen, Reisen, Tarotkarten oder Horoskope sein können. In einer Zeit, in der die Vernunft eine Blütezeit erlebt und die Wissenschaft die

Wahrheit gepachtet zu haben scheint, ist es faszinierend, sich auf Wege führen zu lassen, die wir mit unserem Verstand nicht begreifen können. Wir sind in unserem Streben nach materiellem Wohlstand und Glück ernüchtert, und aus unserer Welt ist der Zauber verschwunden; wir sind entmythologisiert. »Wir haben uns sehr weit vom Unsichtbaren entfernt«, schreibt Prinzessin Irene in ihrem Buch *Gespräch mit der Natur.* »Im Grunde bedeutet das, daß wir die Achtung vor dem Wesen der Dinge verloren haben. [...] Die Mechanik hat das Wunder ersetzt. Wir sind wie Waisenkinder, abgeschnitten von dem in allen Dingen steckenden Zauber. Wir sind nicht mehr damit verbunden. Nicht mit den endlosen Geschichten und Erlebnissen hinter den Dingen, nicht mit den Naturkräften, nicht mit den Mitmenschen, nicht mit den anderen Kulturen, nicht mit den Elementen, mit Mutter Erde, der Pflanzenwelt, der Natur, der Geistwelt, nicht mit den Tieren.«[1]* In spiritueller Hinsicht sind wir arm geworden. Deshalb überrascht es auch nicht, daß in dieser Zeit, in der sich die traditionellen Kirchen zunehmend leeren, von weither esoterisches Wissen herbeigeholt wird: Wir lernen Yoga aus dem Osten, wir suchen nach Gurus in Australien oder Amerika, oder wir begeben uns in indianische Schwitzhütten, aber von unserer eigenen westlichen esoterischen Tradition wissen wir noch sehr wenig. Wir sind entwurzelt, losgelöst von der Erde und suchen ruhelos nach Halt. Ein Seminar hier, ein Workshop da, der spirituelle Hunger ist nicht zu stillen. Und nicht ohne Grund: unsere kollektive psychische Landschaft hat sich zu einer unfruchtbaren Wüste verwandelt, kahl und dürr, ohne Wasser, ohne Pflanzen, ohne Tiere.

In vielen Geschichten bildet diese ausgestorbene Landschaft die Ausgangssituation: Das Land ist unfruchtbar, und der König ist krank, abwesend, auf Reisen oder aus dem Land vertrieben. Alle warten auf den Helden, der durch seine Taten den Weg für die Rückkehr des rechtmäßigen Königs frei machen soll. Es ist

---

* Die hochstehenden Zahlen beziehen sich auf die Anmerkungen ab Seite 157.

die weitverbreitete Geschichte vom Kampf gegen das Böse und vom Durchsetzungsvermögen des Helden, der seinen Auftrag erfüllt, den heiligen Gral zu finden, den Brunnen mit Lebenswasser zu entdecken, den Drachen zu besiegen und die verborgenen Schätze wieder zurückzubringen, um sie mit seinen Mitmenschen zu teilen.

Dieser Handlungsverlauf begegnet uns in vielfältiger Form sowohl in der westlichen Geschichte und Mythologie als auch außerhalb von ihr. Ein bekanntes Beispiel ist die Geschichte von Robin Hood, der gegen den bösen König John kämpft, während alle auf die Rückkehr von Johns Bruder Richard warten, den rechtmäßigen König, der auf einem Kreuzzug in Jerusalem unterwegs ist. Ein anderes Beispiel ist die Sage von König Artus, »dem einstigen und künftigen König«[2], der Ordnung und Harmonie in eine Zeit brachte, in der Chaos und Zerstrittenheit herrschten. Auf der magischen Insel Avalon wartet er, genau wie der Zauberer Merlin, auf die Zeit, in der er wieder gebraucht wird und zurückkehren kann.[3] Der gleichen Situation begegnen wir auch in Tolkiens Trilogie *Der Herr der Ringe*: Aragorn, der aus einer alten Königsfamilie stammt, zieht in das Land seiner Vorfahren, um seinen Platz als König einzunehmen.[4] Im Märchen »Eisenhans« wird der Wilde Mann am Ende der Geschichte von seinem Fluch befreit und entpuppt sich als König. Auch Homers weltberühmtes Epos *Die Odyssee* handelt von der Rückkehr eines Königs: Odysseus, Herrscher von Ithaka, kehrt nach langen Irrfahrten in sein Vaterland zurück, um seinen Platz als König wieder einzunehmen. In der Shakespeare-Komödie *Wie es Euch gefällt* ist der alte König in den Wald verbannt worden. Nach vielen Verstrickungen kehrt er an den Hof zurück. Neben diesen literarischen Variationen des Themas »Die Rückkehr des Königs« wird in vielen Religionen und religiösen Schriften die Rückkehr spiritueller Könige oder geistlicher Führer erwähnt. In christlichen und jüdischen Kreisen wird von der zweiten Ankunft des Messias, des Königs der Juden, gesprochen, in New-Age-Kreisen von dem kommenden Christusbewußtsein. Die Moslems erwarten am Ende dieses Jahrhunderts den nächsten Imam, die Hindus die Wiederkunft Krishnas und die Buddhisten Buddha. Andere Buddhisten warten auf Maitreya, der bald auf der Erde erscheinen soll.

Alle diese Geschichten behandeln *ein* Thema: die Rückkehr eines Führers, der vom Herzen aus, nicht vom Kopf her entscheidet oder »aus dem Bauch heraus« handelt. Führer dieser Art respektieren die Erde und stehen mit spiritueller Weisheit in Kontakt, sie vereinigen männliche und weibliche Qualitäten in sich und verbinden Kraft mit Verletzlichkeit.

Das universelle Thema der Rückkehr des Königs scheint auch in der gegenwärtigen Zeit eine wichtige Rolle zu spielen, denn der Ruf nach wirklichen Führungspersönlichkeiten wird immer lauter. Viele Männer dienen derzeit dem Gott des Geldes, der Autos, der Produktion und des Mehr und Besser, während wir allmählich eine Situation erreicht haben, die in so vielen Geschichten beschrieben ist: Die Flüsse sind ausgetrocknet, die Wälder sterben, die Luft ist verschmutzt, und der König, Symbol für unser Herz, ist krank. Die negativen Folgen unserer Denk- und Lebensweise werden immer unübersehbarer. Es wird Zeit, daß wir uns wieder auf die wirklichen Werte des Lebens besinnen und die äußeren Interessen darauf abstimmen. Es wird Zeit, daß sich die Männer bewußt werden, wer sie sind und worin ihre Rolle besteht. Das geht tiefer als die zahlreichen Diskussionen über Abwasch, Aufgabenteilung und den idealen Mann, wie sie derzeit die Gemüter erhitzen. Es geht um unser Überleben und die Zukunft der Erde. Wir Männer haben dabei eine verantwortungsvolle Aufgabe zu erfüllen. Wenn wir diese Verantwortung übernehmen, werden wir gleichzeitig unseren Stolz, unser Selbstwertgefühl als Mann und unseren Platz in der Welt wiederfinden.

Die sieben Archetypen

In Mythen und Erzählungen begegnen wir in verschiedenen Formen und Gestalten immer wieder denselben Wesensmustern. Das sind sogenannte »Archetypen«, bestimmte Strukturen der Psyche, die in engem Zusammenhang miteinander stehen. Ein

Archetyp ist ein Bündel menschlicher Eigenschaften, das sich unter der Oberfläche des täglichen Lebens verbirgt und, ohne dessen Nuancen und persönliche Ausprägungen, immer dieselbe Form aufweist. Diese Typen tauchen in den verschiedensten Kulturen und Religionen auf, wenngleich unter anderem Namen oder in einer anderen Charakterisierung.

Als Ausgangspunkt für dieses Buch ziehe ich sieben männliche Archetypen heran, die in der westlichen Mythologie oft vorkommen: der Heilige, der Magier, der Narr, der König, der Krieger, der Liebhaber und der Wilde Mann – sieben Typen, die durch ihren Charakter, ihre Funktion und ihre Symbole sieben verschiedene Aspekte der männlichen Psyche widerspiegeln.

Die sieben Chakras

In östlichen Traditionen gibt es eine Einteilung, die allmählich in der westlichen Welt Eingang findet und deutliche Übereinstimmungen mit den sieben Archetypen zeigt: Ich spreche vom System der sieben Chakras, sieben Energiezentren, die jeweils mit einer bestimmten Körperstelle in Beziehung gesetzt werden. Die sieben Energiezentren liegen auf einer Achse, die sich vom Scheitel bis zum Steißbein erstreckt. Es beginnt mit dem Scheitel- oder Kronenchakra, dann kommt das dritte Auge, das Kehlkopfchakra, das Herzchakra, der Solarplexus, das Nabelchakra und zum Schluß das Wurzelchakra.

In den vergangenen Jahren ist mir der Zusammenhang zwischen den beiden Einteilungsarten – dem östlichen Ansatz, der auf dem Körper beruht, und dem westlichen, eher psychologischen Ansatz – immer deutlicher geworden. Ich entdeckte, daß die sieben Archetypen genau mit den Funktionen der sieben Chakras übereinstimmen. Die Psyche spiegelt sich im Körper wider und umgekehrt.

In der nachfolgenden Übersicht werden die zwei Begriffssysteme zueinander in Beziehung gesetzt. Diese Verknüpfung bildet die Grundlage für dieses Buch.

Nr.	Archetyp	Chakra	Funktion
7	Der Heilige	Scheitelchakra	Inspiration, göttliche Führung
6	Der Magier	Drittes Auge	Vision, Einsicht
5	Der Narr	Kehlkopfchakra	Kommunikation, Humor
4	Der König	Herzchakra	Liebe, Führung
3	Der Krieger	Solarplexus	Macht, Aktivität
2	Der Liebhaber	Sexualchakra	Lust, Gefühle, Kreativität
1	Der Wilde Mann	Wurzelchakra	Erdung, Autorität

Diese sieben Archetypen spielen nacheinander jeweils die Hauptrolle in den Geschichten der folgenden Kapitel. Um einen Eindruck von den Funktionen und Symbolen der sieben Archetypen zu vermitteln, stelle ich sie zunächst der Reihe nach vor.

Der Heilige

Die Funktion des heiligen Mannes oder Mystikers besteht darin, eine Verbindung mit dem Göttlichen, dem Kosmos, der Welt über uns, herzustellen. Dieser Archetyp entspricht dem Scheitelchakra, das sich oben auf dem Kopf, am Scheitel, befindet. An dieser Stelle tritt die göttliche Inspiration ein. Wenn ein Mensch stirbt, verläßt er den Körper durch diese Stelle und kehrt zur Einheit der höheren Dimensionen zurück. Bei einigen Mönchsorden wird auf dem Kopf ein kleiner Kreis von Haaren freigeschoren, um die Verbindung zwischen dem Göttlichen und dem Menschen zu erleichtern. Der kahle Kopf steht zugleich für Bescheidenheit und Ergebenheit. Dieses Chakra soll dazu beitragen, daß wir uns den höheren Gesetzen unterordnen und uns vom Göttlichen leiten lassen. Der Heilige wird versuchen, seinen eigenen Willen mit dem göttlichen Willen in Übereinstimmung zu bringen: »Nicht mein Wille geschehe, sondern dein Wille, denn dein Wille ist auch mein Wille.«

Das Symbol des Heiligen ist ein Bettelstab, Zeichen für Einfachheit und Demut. Der Heilige hat sich von jeder Form weltlicher Anhaftung gelöst. Sexualität, Geld und Macht spielen für ihn keine Rolle mehr; es geht ihm nur darum, Gott und seinen Mitmenschen zu dienen. Sein Bettelstab ist ein hölzerner Wanderstab, mit dem er auf einfache Weise seinen Lebensweg beschreitet.

Jeder Archetyp hat seine deformierte Erscheinungsweise oder Schattenseite. In diesem Fall gehören dazu etwa der Scheinheilige, der Fanatiker, der das Weltliche verachtet und auf das spirituelle Leben schwört, der Gläubige, der sich wie ein Schaf leiten läßt und selbst keine Verantwortung für sein Leben übernimmt, der New-Age-Mann, der ständig meditiert und versucht, allem Irdischen zu entsagen, der Fernsehpfarrer, der Liebe predigt, aber fremdgeht und seine Kinder schlägt, der Wohltäter, der alles weggibt, um im Gegenzug Respekt und Aufmerksamkeit zu bekommen.

Der Magier

Der Archetyp des Magiers steht für Einsicht, Vision und Gedankenkraft. Er ist mit dem sechsten Chakra verbunden, dem dritten Auge. Er verzaubert die Wirklichkeit und ist sich der schöpferischen Kraft der Gedanken bewußt. Dabei wandert er auf dem Grat zwischen Schwarzer und Weißer Magie. Wenn er seine Erkenntnisse für sich selbst einsetzt, um »sein Ego zu streicheln«, Geld damit zu machen oder andere zu verleumden, neigt er sich zur Schattenseite des Archetyps hinüber. Die Schattenseite wird durch den falschen Ratgeber repräsentiert, den Therapeuten, der manipuliert oder seine Erkenntnisse lieblos weitergibt, den machthungrigen Berater oder den Menschen, der sich ungebeten in die Angelegenheiten anderer Leute einmischt.

Beispiele des Magiers in der Mythologie sind Gandalf, der Zauberer aus Tolkiens *Der Herr der Ringe*, und Merlin in den Geschichten über König Artus. Der Magier ist in der Lage, größere Zeitzusammenhänge zu überblicken. Er kann in die Vergangenheit und die Zukunft schauen und leitet daraus seine Prophezeiungen ab. Während das Wissen des Heiligen auf göttlicher Inspiration und Weisheit beruht, gründet der Magier sein Wissen auf Kenntnisse und Studium. Er wird oft in einem Forschungslabor mit vielen Pergamentrollen und alten Büchern dargestellt. In moderner Gestalt ist der Magier der Wissenschaftler, der das Mysterium des Lebens zu ergründen versucht, der Chemiker, der Stoffe analysiert und verbindet, der Physiker, der herauszufinden versucht, wie das Weltall funktioniert, der Linguist, der sich in Sprache vertieft, oder der Ethnologe, der andere Kulturen erforscht. Der Magier beweist, was der Heilige schon weiß. Er ist ein Mann, der mit den Elementen und mit Materie arbeitet und Beweise für seine Theorien sucht. In der Wirtschaft hat er oft eine leitende Stellung inne oder ist Organisationsberater.

Der Magier oder Zauberer hat einen Zauberstab, mit dem er seine Energien lenken kann. Der Zauberstab, mit dem Kaninchen aus dem Hut hervorgezaubert werden, ist ein modernes Überbleibsel davon.

Der Narr

Der Archetyp des Narren steht in Beziehung zum Kehlkopfchakra. Die Hauptfunktion dieses Energiezentrums ist die Kommunikation, das Aussprechen dessen, was in uns lebt. Das kann in Form von Singen und Sprechen, Dichten oder Bücherschreiben geschehen.

Der Narr hat einen kleinen Stab mit einem Narrenkopf an seiner Spitze, oft einer Abbildung seines eigenen Gesichts. Eine jüngere Erscheinungsform des Narren ist der Harlekin oder der Kasper aus dem Kasperletheater.

Der Narr kann sich mit seinem Stab unterhalten oder den König zum Lachen bringen, wenn ihn die Regierungsgeschäfte zu sehr bedrücken. Der Narr ist derjenige, der dem König auf satirische Weise einen Spiegel vorhalten darf, den König lächerlich machen und ihn sogar ausschimpfen kann, ohne dafür ernsthaft bestraft zu werden. Aber er muß auch seinen Kopf hinhalten, wenn der König schlechter Laune ist. Er ist sowohl der Tor als auch der Weise und spielt in vielen Theaterstücken eine wichtige Rolle als Ratgeber oder Vermittler zwischen zwei Parteien. In

Shakespeares *Wie es euch gefällt* [5] haben wir den Narren Probstein. Er kommentiert mit seinen satirischen Texten die Ereignisse, die sich am Hof oder im Land abspielen.

Aber auch der Narr hat eine Schattenseite. Dann ist er der Intrigant, derjenige, der mit seinen Worten die Wirklichkeit verdreht, den Menschen nach dem Mund redet, der es mit der Wahrheit nicht so genau nimmt. Während der weise Narr mit Wörtern zaubert, um dem anderen zu helfen, treibt der böse Narr falsches Spiel, um den anderen in die Irre zu führen oder wichtige Gegebenheiten zu vertuschen. Herrliche Beispiele für diese Schattenseite finden wir in der Figur des Moralelastix in *Asterix und der Kupferkessel* und in Tolkiens *Der Herr der Ringe* in der Person des Schlangenzunge.

Im täglichen Leben können sich Journalisten, Werbefachleute, Showmaster und Künstler auf der abschüssigen Seite dieses Archetyps befinden. Wenn der Narr im Dienst des guten Königs steht, kommen seine Worte von Herzen, wenn er aber seine eigenen schändlichen Pläne verfolgt oder mit dem Schattenkönig unter einer Decke steckt, dann säen seine Worte Mißtrauen, Angst und Uneinigkeit.

Der König

Der Archetyp des Königs steht symbolisch für das Herz und die Liebe. Nicht die romantische Liebe, sondern die Liebe, die Harmonie und Ordnung schafft, gerecht und mitfühlend ist und entschieden aufzutreten weiß, die tätige Liebe. Das Herzchakra ist der Mittelpunkt des Körpers, wie der König der Mittelpunkt seines Königreichs ist. Er ist das Zentrum, von dem aus regiert wird. Sowohl in der ägyptischen als auch in der keltischen Mythologie gilt der König als die Verkörperung seines Landes. [6] Wenn es dem König gutgeht, geht es auch dem Land gut. Der Sonnenkönig, Ludwig der XIV., drückte dies mit den Worten aus: »L'état, c'est moi.« Der Staat bin ich. Er ist die Sonne, der leuchtende Mittelpunkt. Wenn der König vom Herzen aus regiert, herrschen Ordnung und Harmonie in seinem Reich. Jeder hat seinen Platz, und das Land ist fruchtbar. So ist es auch mit uns: Wenn wir aus dem Herzen heraus leben, herrscht Ordnung und Harmonie in unserem Leben; alles fällt auf den rechten Platz, und unsere Handlungen sind fruchtbar.

Psychologisch kann der König als das Ego betrachtet werden, die zentrale Gestalt unter den vielen Unterpersönlichkeiten der Psyche. Wenn das Ego nicht im Dienst des Höheren Selbst steht und demzufolge für sich selbst lebt, bedeutet dies, daß der König krank ist oder sich zum Tyrannen verwandelt hat. Die äußeren Symbole eines Königs sind die Krone, das Zepter und der Mantel. Die nach oben hin offene Krone betont, daß es für einen König wichtig ist, sich dem göttlichen Willen unterzuordnen. Während er die Verantwortung für die weltlichen Angelegenheiten hat, muß er sich zugleich auch führen lassen können. Nicht seine eigenen Wünsche oder Vorstellungen, sondern die Belange des Landes haben oberste Priorität. Genauso wie ein Priester oder Mönch muß sich der König auf die göttliche Führung einstimmen, um die richtigen Beschlüsse fassen zu können. Er ist damit ein Diener Gottes und der Führer des Landes. Dienen und Führen gehen Hand in Hand.

Diese Verbindung von göttlicher und weltlicher Macht kommt im Zepter zum Ausdruck. Es ist ein Stab mit einer Kugel am unteren Ende, dem Symbol für das Weltliche, und einem Kreuz an der Spitze, Symbol für das Göttliche. Die Aufgabe des Königs besteht darin, diese zwei Welten, Himmel und Erde, Kreuz und Kreis, miteinander zu verbinden.

Im täglichen Leben wird der Archetyp des Königs durch Direktoren, führende Politiker und andere Personen vertreten, die in einer größeren Menschengruppe eine zentrale Rolle einnehmen; im familiären Bereich spielt der Vater diese Rolle.

Der Krieger

Der Archetyp des Kriegers steht für Handeln, Macht und das Bewachen von Grenzen. Dieser Archetyp entspricht dem dritten Chakra, das auch Sonnengeflecht genannt wird. Der Krieger wird in der modernen Gesellschaft durch den Soldaten symbolisiert. Aber er ist auch der Manager, der für seine Arbeit kämpft und in seiner »Rüstung« zur Arbeit geht, oder der Sportler, der um den Sieg kämpft. Die Samurai, die japanischen Krieger, mußten in ihrer Ausbildung sowohl eine Kampfkunst als auch eine künstlerische Fertigkeit, wie Blumen stecken, dichten oder musizieren, erlernen. Damit sollten sowohl die zielgerichtete männliche als auch die schöpferische weibliche Seite der Krieger entwickelt und in Harmonie gebracht werden. Die Symbole des Kriegers sind das Schwert und das Schild. Das Schwert symbolisiert die angreifende Energie, das Schild die verteidigende. Als Stab benutzt der Krieger eine Lanze, Symbol für die Zielgerichtetheit.

Die positiven Eigenschaften des Kriegers sind Zielgerichtetheit und Durchsetzungsvermögen. Er hat die Fähigkeit, sich zu konzentrieren und sich nicht ablenken zu lassen. Der Krieger kann seine Kraft nur dann positiv einsetzen, wenn er im Dienst des Königs, des Herzens, steht.

Die negative Seite des Kriegers äußert sich in Geltungsdrang und Machtmißbrauch. Dies kann auf militärischem Gebiet, in der Politik, dem Wirtschaftsleben, im Gesundheitswesen und in der Erziehung erfolgen. Wenn ein Mann es mit seiner Krieger-Energie übertreibt, nimmt er seiner inneren Weiblichkeit, seiner Empfindsamkeit und Verletzbarkeit die Kraft. Er gewinnt jeden Kampf bei der Arbeit, aber in seinem Gefühlsleben erleidet er schwere Niederlagen. Er entfremdet sich von seiner Frau, und er versteht nicht, warum seine Kinder so aggressiv – oder umgekehrt so ängstlich sind.

Der Soldat, der die Verantwortlichkeit nach außen verlegt und wie ein Rädchen im Getriebe funktioniert, kann als Deformierung des Krieger-Archetyps betrachtet werden. »Ich habe nur Befehle ausgeführt« ist seine Antwort auf jede Lebensfrage. Ein wahrer Krieger übernimmt die volle Verantwortung für alle seine Handlungen und stellt seine Macht in den Dienst der Liebe. Er kämpft im Dienst des Herzens.

Eine andere Deformierung dieses Archetyps zeigt ein Mann, der seine Krieger-Energie überhaupt nicht einsetzt: der »Softie«, der fühlen und spielen kann, aber aus Angst vor Gewalt oder Konflikt niemals wagt, sein Schwert zu erheben. Verschreckt durch die zerstörerische Seite dieses Archetyps haben heutzutage viele Männer ihre Krieger-Energie begraben, sowohl in ihren Beziehungen als auch bei der Arbeit und in der Gesellschaft. Sie reden und reden, sehen aber nicht, daß es ihnen an Tatkraft mangelt und daß fehlende Grenzen auch eine Form von Gewalt darstellen.

Der Liebhaber

Das zweite Chakra, unmittelbar unterhalb des Nabels gelegen, steht für alles, was mit dem Gefühlsleben zu tun hat. Es ist die Energie des Liebhabers, des »Lovers«, und betrifft Essen, Genießen, Sexualität, Kreativität und Verspieltheit, aber auch Gefühle wie Kummer, Wut, Haß und Eifersucht. Im Gegensatz zur feurigen Energie des Kriegers ist diese Energie fließend und beweglich und entspricht dem Element Wasser. Diese Energie fördert die schöpferische Seite des Lebens. Das Wasser kann strömen und branden, aber es kann sich auch in eine stehende Schlammpfütze oder in einen tosenden, alles verschlingenden Ozean verwandeln.

Die Schattenseite des Liebhabers kommt dann zum Vorschein, wenn ein Mann nicht mit seinen Gefühlen in Kontakt steht oder wenn er im Gegenteil gerade in ihnen »schwimmt«. Bei manchen Männern hängt das zweite Chakra noch an der Mutter, d.h., seine Liebesenergie ist über eine emotionale Nabelschnur noch immer mit ihr verbunden anstatt mit einer Geliebten. Die Energie bleibt dann kindlich, naiv, manipulativ und grenzenlos. Hier spielt nicht der »Lover«, sondern der »Junge« die Hauptrolle, der »puer aeternus«, der Mann, der keine Bindung eingehen kann, der keine Verantwortung übernehmen kann, der Mann, der noch immer an Mutters Rockzipfel hängt und will, daß für ihn gesorgt wird. Er ist der Ödipus, der seine Mutter heiratet.

Der Stab dieses Archetyps ist die Flöte. Damit kann der Liebhaber seine Geliebte verzaubern und das Liebeslied erklingen lassen. Die Flöte hat oft eine magische Wirkung, wie im Märchen »Der Rattenfänger von Hameln« oder in Mozarts *Die Zauberflöte* deutlich wird.

In chinesischen tantrischen Texten steht die Flöte als Symbol für den Penis. Poetisch wird das »Bespielen der Flöte« beschrieben: »Das Bespielen der Flöte ist eine delikate und stimulierende Praxis, die der Frau dazu verhilft, den Charakter und die subtilen Freuden des ›Lingam‹ (= penis) kennenzulernen. [... Es] wird speziell dazu benutzt, die sexuelle Beherrschung zu wecken, die nötig ist, um die Höhen der Ekstase zu erreichen.«[7]

Im täglichen Leben begegnen wir dem Liebhaber als Künstler oder Genießer, dem Verliebten, dem Mann, der Essen, Musik, Kunst und Sex genießt, der am Rande von Entzücken und Unmäßigkeit balanciert. Dieser Mann steht mit seinem Bauch und seinen Gefühlen in Verbindung.

Der Wilde Mann

Dem Wilden Mann begegnen wir in Gestalt des Schamanen, des Mentors, des Alten Weisen, des Medizinmannes. Er ist ein Sehender und Wissender. Er kann mit Tieren und Bäumen sprechen, und er kann eine Verbindung zur Geisterwelt herstellen. Dadurch besitzt er Heil- und Seherkräfte. Er versteht die kollektive Psyche und sorgt durch Erzählungen und Rituale für die Harmonie zwischen der sichtbaren und der unsichtbaren Welt. Er ist für das Fortbestehen des Stammes oder der Gemeinschaft lebenswichtig. Der Wilde Mann ist ein Initiator; er kann einen Mann in seine Verbindung zur Erde einweihen und zu seiner inneren Natur führen. Er nimmt der Mutter ihren Jungen weg, führt ihn in die Natur und zeigt ihm seine Wurzeln. Seine Wildheit verweist nicht so sehr auf Gewalttätigkeit, sondern eher auf eine wilde innere Natur. Sie ist die Authentizität, die Ursprünglichkeit, die Natur eines Menschen, die im Verlauf des Erwachsenwerdens oft verlorengeht. Der Archetyp des Wilden Mannes entspricht dem ersten Chakra, auch Wurzel- oder Steißchakra genannt.

Der Stab des Wilden Mannes ist der Knüppel oder die Keule. Er symbolisiert die erdverbundene Urkraft und wird manchmal auch als Baum oder Knochen abgebildet. In alten Einweihungsritualen wird der Initiand mit einem großen Knochen bewußtlos geschlagen, damit er den symbolischen Tod und die Wiedergeburt erfahren kann. Es ist dieselbe Kraft wie die des Unbewußten, die uns in unserem Leben einen enormen Schlag versetzen kann, wodurch wir zeitweise »ohne Bewußtsein« sein können. Traumatische Ereignisse, wie der Tod eines Kindes oder eines Geliebten, Kündigung oder Scheidung können der Anlaß dazu sein. In Augenblicken dieser Art kann die Erinnerung an das Einweihungsritual dazu beitragen, den Weg zurück zum Licht zu finden.

Der Stab oder Knüppel hat, wie die Flöte, auch eine sexuelle Bedeutung: Er symbolisiert den Phallus, was nicht ganz dasselbe ist wie der Penis. Der Phallus bezeichnet den Penis und die Hoden. Die Hoden stehen symbolisch für Fruchtbarkeit und Erde und für das Geerdetsein und die Kraft des Mannes. Der Penis symbolisiert seine Individualität und aktive Tatkraft in der Welt, ist aber ohne Erdung unfruchtbar.

Der Phallus umfaßt also zwei Aspekte männlicher Energie: sich allein in der Welt zu behaupten und Teil eines größeren Ganzen, einer Gemeinschaft, einer Organisation oder – anders ausgedrückt – Teil der Erde zu sein.

Der Weg nach oben und der Weg nach unten

Viele Initiationsgeschichten beginnen damit, daß der König krank, abwesend oder auf Reisen ist bzw. im Sterben liegt. Mit anderen Worten: das Herz, das Zentrum des Körpers, ist krank, es funktioniert nicht mehr richtig. Vom Herzen ausgehend, können zwei Reisen unternommen, zwei Einweihungswege beschritten werden. Der eine Weg führt nach oben, über das Kehlkopfchakra und das dritte Auge zum Scheitel, um dann wieder zum Herzen zurückzukehren. Das ist der Weg der Einsicht, Erleuchtung, Transzendenz, Meditation und des Gebets. Der andere

Weg führt nach unten, über das dritte Chakra, das Nabelchakra, zum Wurzelchakra, um ebenfalls wieder zum Herzen zurückzukehren. Dies ist der Weg des Abstiegs, der Initiation in der Unterwelt. In diesem Buch folgen wir dem zweiten Weg. Beide Wege verlaufen tatsächlich ineinander verflochten wie ein engmaschiges Labyrinth und enden an derselben Stelle, dem Herzen. Der Weg nach unten ist in patriarchalischen Kulturen und Religionen ein unbekannter und ungeliebter Weg. Viel eher wird nach oben geschaut und gestrebt. Für den Religiösen geht der Weg zum Höheren, er will sich über das Irdische erheben, nach höheren Idealen streben und den irdischen Sünden und Genüssen entfliehen. In der New-Age-Bewegung drückt sich dies oft im Streben nach dem Positiven, Meditativen, Transzendenten, dem Höheren Selbst, dem Licht aus. Auch im gesellschaftlichen Leben führt die Leiter vor allem nach oben: Die Spitze zu erreichen ist das gesellschaftliche Ideal, das zu erstreben von einem erwartet wird. Das Wort »Abstieg« taucht in der Karriereplanung nicht auf.

Der Weg nach unten führt in die Finsternis, die »dunkle Nacht der Seele«, zu den Schattenseiten des Daseins. Dieser Weg führt uns zu unserem Schmerz, unserer Machtgier, unserer Verletztheit und Vernichtung. Diese Seiten von uns wollen wir lieber nicht sehen. Sie sind der Teufel, die Sünde, die Lieblosigkeit, das Animalische und Primitive im Menschen. So wenigstens erscheint es uns auf den ersten Blick. Denn wer tiefer in diese Finsternis hinabsteigt, wird den Reichtum entdecken, der hinter diesen furchteinflößenden Vorstellungen verborgen liegt. Hinter dem Schmerz liegt Mitgefühl, hinter der Vernichtung befinden sich aufrichtige Tatkraft und Leidenschaft, und hinter dem Animalischen liegt der Zugang zu unseren instinktiven und kreativen Fähigkeiten. Es ist der Weg der Initiation, der Einweihung, der uns mit der Seele in Kontakt bringt, sowohl mit der eigenen als auch mit der kollektiven Seele, und wenn wir genau zuhören, können wir die Stimme der Erde zu uns sprechen hören.

In den Stammesgesellschaften wurde diese Reise in die Unterwelt im Rahmen der Initiation vom Jungen zum Mann gemacht.

Der Junge stieg in seine eigene Seele hinab, um seine Rolle in der Welt zu begreifen und Mitgefühl für die ihn umgebende Welt zu entwickeln. Der Mentor oder Schamane begleitete ihn durch den Schmerz, der als Folge der Prüfungen während der Initiation oft durch einen körperlichen Schmerz symbolisiert wurde. Der Junge wurde auch für einige Tage in die Natur geschickt oder in ein Erdloch eingegraben, damit er mit der Seele der Natur und der Erde in Kontakt kam.

Wenn der Weg nach unten nicht während der Pubertät zurückgelegt wird, taucht er oft im späteren Leben in Gestalt einer Midlife-crisis auf. Auf dem Höhepunkt des Lebens beginnt plötzlich der Abstieg.

Nur wenige haben in unserer Kultur über diesen Weg gesprochen und von ihm erzählt. Deshalb gibt es kaum Eingeweihte, die den Weg der Initiation begreifen und der folgenden Generation vermitteln können. Wir haben den Kontakt zur Erde verloren. Wir leben in einer Kultur, in der die Verbindung zur Erde abhanden gekommen ist, in der der Mensch zu großer Höhe aufgestiegen ist, aber seine Wurzeln nicht mehr fühlt: die Wurzeln seiner Vorfahren, der Bäume und Tiere, der Pflanzen, der Luft und des Wassers. Ohne diese Wurzeln trocknen wir aus und verlieren unsere Nahrung. Bevor wir zu einem höheren Entwicklungsstand emporsteigen können, müssen wir in den Schmerz hinabsteigen, sowohl in den Schmerz des einzelnen als auch in den kollektiven Schmerz unserer Gesellschaft. Allem, was dort an Kriegen, Konflikten, Hochmut und Machtmißbrauch gespeichert ist, werden wir nach und nach ins Auge sehen müssen. Damit machen wir den Weg frei für unser eigenes Überleben.

Zu den einzelnen Kapiteln

Zu jedem Chakra habe ich eine passende Königserzählung ausgewählt. Die Geschichte für den Ausgangspunkt der Reise, das Herzchakra, behandelt die mittelalterliche Sage von Parzival und dem heiligen Gral.[8] In dieser Erzählung begegnen wir dem Fischerkönig, der an seinem Oberschenkel verletzt und unheil-

31

bar krank ist. Nur das Wasser des heiligen Grals kann ihn heilen. Der junge Parzival macht sich auf, den heiligen Gral zu suchen und den König zu heilen.

Warum ist der König krank, und was ist das Wasser des Grals? Was sind die Parallelen zu unserer Zeit? Leben wir auch in einer Zeit, in der der »König«, unser Herz, krank ist?

Eine Geschichte, die dem Mythos vom Fischerkönig sehr ähnelt, ist das alte Märchen »Das Wasser des Lebens«.[9] Es handelt von einem König, der ebenfalls unheilbar krank ist und nur durch das Wasser des Lebens geheilt werden kann. Die drei Söhne des Königs machen sich einer nach dem anderen auf den Weg, um die kostbare Flüssigkeit zu suchen. Die ersten zwei landen in einer Schlucht, aus der sie nicht wieder herausfinden; erst der dritte Sohn, wie so oft im Märchen, schafft es schließlich, das Lebenswasser zu finden. In diesem Kapitel wird eine Parallele zwischen diesem Märchen und dem niederländischen Königshaus gezogen.

Vom Herzen steigen wir zum dritten Chakra hinab, dem Sonnengeflecht, dem Energiezentrum des Kriegers. Hier wird die Geschichte von Hamlet, dem dänischen Prinzen, der dafür kämpft, den Mord an seinem Vater aufzuklären, unser roter Faden sein. William Shakespeares *Hamlet* wurde 1602 zum ersten Mal aufgeführt und ist zum bekanntesten Theaterstück der abendländischen Kultur geworden.[10] Warum besitzt dieses Stück eine derart magische Anziehungskraft? Warum fasziniert uns die komplexe Figur Hamlet so sehr? Warum zögert Hamlet, den Kampf aufzunehmen? Wie müssen wir es deuten, daß Hamlets Vater ihm als Geist erscheint? Wie ist Hamlets Beziehung zu seiner Mutter Gertrude? Thema dieses Kapitels ist der Unterschied zwischen dem guten und dem schlechten Vater und die Suche nach diesen beiden Vaterbildern, auf die sich jeder Junge begeben muß, um seine wirkliche Kraft finden zu können.

Als nächstes kommt das zweite Chakra an die Reihe, das Chakra der Sexualität, Kreativität und Gefühle, bzw. der Archetyp des Liebhabers. Der Mythos von Dionysos bildet den roten Faden dieses Kapitels. Der Sohn des Zeus, Gott der Liebe und der Ekstase, reist durch die Welt und führt überall seine ekstatischen Rituale auf. Dafür ist man ihm nicht überall dankbar, und er gerät mit verschiedenen Königen aneinander, wie mit König Lykurgos von Thrakien und König Pentheus von Theben, die mit diesem verweichlichten Gott, der Lust und Freude predigt, nichts zu tun haben möchten. Beide Könige werden für ihre Verachtung auf grausame Weise bestraft. Welche Lehre können wir aus dieser griechischen Tragödie ziehen? Welche Rolle spielt Dionysos in unserem Leben? Und wie können wir Dionysos, den Gott der Lust und der Liebe, wieder ehren und ihm einen Platz in der Gesellschaft zuweisen? Es ist eine Geschichte über Männlichkeit und Weiblichkeit, Liebe und Sexualität und die Kunst des Liebens.

Im fünften Kapitel kommen wir zum Wurzelchakra, dem Ort, an dem der Schlüssel für die Heilung des Königs, des Herzens, liegt. Die Erzählung vom Wilden Mann bildet die Grundlage dieses Kapitels. Wer oder was ist dieser Wilde Mann? Ist er ein Symbol für den unbeherrschten Urtrieb des Mannes, oder ist er der Eingeweihte, der Initiator, der uns mit sanfter Hand zur Auseinandersetzung mit uns selbst führt, zur Begegnung mit dem Tod? Und wie können wir diesem schamanistischen Wilden Mann wieder einen Platz in der heutigen Welt verschaffen? In diesem Kapitel geht es um das Thema »Initiation«, den Übergang vom Jungen zum Mann, die Verbindung zwischen männlicher Sexualität und Spiritualität und den Kontakt mit der Erde.

Das Märchen »Eisenhans« wurde 1857 von den Brüdern Grimm aufgezeichnet[11], stammt aber aus einer weit zurückliegenden Vergangenheit. Der amerikanische Dichter Robert Bly hat mit diesem Märchen eine alte Weisheit für Männer wieder ans Tageslicht gebracht und in seinem Buch *Eisenhans* verarbeitet[12]. Viele Ideen des vorliegenden Buchs sind durch seine Arbeit inspiriert.

Im letzten Kapitel kehren wir wieder zum Herzchakra zurück, indem die »Rückkehr des Königs« anhand von Walt Disneys modernem Märchen *Der König der Löwen* beschrieben wird. Als sich das Land unter der Herrschaft des tyrannischen Scar auf einem Tiefpunkt befindet, wird der Ruf nach einer neuen Führung immer lauter. Simba, der Sohn des ermordeten Löwenkönigs Mufasa, besiegt sich und seinen bösen Onkel Scar und kehrt in sein Land zurück, um seinen Platz im Kreis des Lebens einzunehmen. Der Kampf ist ausgefochten, der Gegner besiegt, und die Erde kann sich erholen. Auch in unserer Zeit machen wir diesen archetypischen Prozeß des Sterbens und Wiedergeborenwerdens durch. Der Ruf nach wirklicher Führung wird dabei immer lauter, sowohl nach innerer als auch nach äußerer Führung, die männliche und auch weibliche Qualitäten verbindet, die für die Erde sorgt und vom Herzen aus aufzutreten wagt. Das ist das Thema des sechsten Kapitels.

Das Buch endet mit meiner eigenen Geschichte, den Ereignissen, die mich bewogen haben, dieses Buch zu schreiben. Es ist eine persönliche Geschichte, aber gleichzeitig eine Geschichte, wie viele sie erleben. Wie in einem Mythos grenzt das Persönliche an das Allgemeine, und das, was wir als Individuen durchleben, ist ein Abbild des großen archetypischen Kraftfeldes in der Welt. Denn in allen Jahrhunderten begegnen wir den Geschichten über den Abstieg in die Seele, jenen Weg, den wir in Zeiten von Chaos und Veränderung zurücklegen müssen, um wieder Ordnung herzustellen, jenen Weg, der zum Wesenskern unseres Daseins führt, der sich nicht in Worten oder Bildern festhalten läßt, sondern den wir nur berühren können, indem wir das Leben, das uns gegeben ist, bewußt leben.

2. *Parzival oder Der Weg des Helden*

»Die Heilung der Erde und die Gesundung der mensch-
lichen Seele sind ein und dieselbe Sache geworden.«
Jonathan Porritt in *Rettet die Erde*[13]

Unsere Reise durch den Körper und die Psyche des Mannes fängt im Herzen an. Das Herz ist das Zentrum des Körpers. Es ist der Sitz der Seele. Ist das Herz krank, verbittert der Mensch. Seine Energie fließt nicht mehr. Er steht nicht mehr in Kontakt mit seinem Kern, und damit fehlt seinem Leben jeder eigentliche Sinn. Er verliert die Verbindung zur Welt und den Menschen um sich herum und verschanzt sich hinter den Mauern seines Bollwerks. Wenn diese Situation länger andauert, kann es zu einer schweren Krise kommen, die sich in Form einer Scheidung, Krankheit, einem Herzanfall oder einer Sinnfindungskrise, wie z.B. der bekannten Midlife-crisis, äußern kann.

Eine der bekanntesten mythologischen Erzählungen, die eine derartige Situation beschreibt, ist die Geschichte von Parzival und dem kranken Fischerkönig. Hier folgt eine Zusammenfassung:

Das Kind Parzival wird von seiner Mutter aufgezogen. Sein Vater ist als Ritter im Kampf gefallen. Seine Mutter versucht, jegliche Informationen über seinen Vater vor ihm zu verbergen, weil sie befürchtet, daß Parzival denselben Weg wählen und sie ihn dann verlieren wird. Darum zieht sie ihn in einem Wald in weiter Entfernung vom Hof groß. Eines Tages kommen jedoch einige Ritter durch den Wald, und Parzival gerät angesichts dieser mächtigen Männer zu Pferde in helle Begeisterung. Er läuft nach Hause und er-

zählt die Neuigkeiten. Seine Mutter ist sehr betrübt und warnt ihren Sohn vor der Gefahr. Aber nichts kann ihn zurückhalten: Er will Ritter werden und macht sich auf den Weg zum Hofe König Artus'. Sie kann ihm nur noch raten, immer ein weißes Hemd zu tragen.

Am Ende eines langen Reisetags trifft Parzival auf einen alten Fischer, der ihm den Weg zu einer Burg beschreibt, in der er übernachten kann. Er reitet durch dürres, totes Land und kommt schließlich zu der von einem Graben umgebenen Burg. Als er die Brücke überquert hat, wird sie hinter ihm hochgezogen. In der Burg wird Parzival zu einem Festmahl eingeladen. Dort begegnet er dem unheilbar kranken König der Burg, dem Fischerkönig. Er ist an den Hoden verletzt und kann weder sterben noch gesund werden. Eine Lanze hat seine edlen Teile, seine Männlichkeit, verwundet. Während des Banketts werden viele herrliche Speisen und Getränke aufgetischt, und Parzival sieht auch den heiligen Gral, aus dem all die Herrlichkeiten hervorströmen. Er vergißt jedoch, die wichtige Frage zu stellen, die der Fischer ihm aufgetragen hatte: »Wem dient der Gral?« Als er am nächsten Tag erwacht, ist die Burg verschwunden, ihm bleibt nur die Erinnerung an den vorhergehenden Abend.

Auf seinem Weg zu König Artus trifft Parzival auf den roten Ritter, einen der Erzfeinde des Königs. In dem folgenden Zweikampf trifft Parzival mit seiner Lanze ins Auge des roten Ritters, der daraufhin tot niedersinkt. Parzival trägt von nun an Kleider und Rüstung des Besiegten über seinem weißen Hemd.

Nach langem Umherreisen erreicht Parzival den Artushof und wird wegen seiner Heldentaten zum Ritter geschlagen. Erst am Ende seines Lebens sieht er den heiligen Gral zum zweiten Mal. Dieses Mal stellt er die Frage, wodurch der Fischerkönig wieder gesund und das Land wieder fruchtbar wird.

Die Parzivalgeschichte enthält noch zahlreiche weitere Abenteuer, aber in diesem Kapitel konzentrieren wir uns auf die Rollen des kranken Fischerkönigs und des jungen Helden, dessen Leben von nun an unter dem Zeichen der Suche nach dem Gral steht. Jeder Mann hat die beiden Archetypen des kranken Königs und des jungen Helden in sich. In dem Moment, in dem wir uns unserer »Wunde« bewußt werden, erwacht der Held in uns, um seine lange Reise anzutreten. Die Suche nach dem Gral verläuft parallel zu dem inneren Weg, den wir als Mensch zurückzulegen haben, um an das lebensspendende Wasser zu gelangen. Diese Reise zum Kern der Seele ist wie das Schälen einer Zwiebel.

Der König ist krank

Es wird in der Geschichte schnell deutlich, daß es sich bei der Krankheit des Fischerkönigs nicht um ein körperliches Leiden handelt. Der unheilbar kranke König leidet an einer Art Lähmung der Seele. Deshalb ist auch Seelenwasser nötig, um die Wunde wieder zu heilen. Bis dahin bleiben der König und das Land krank, und es gibt im Land keinen Arzt, der daran etwas ändern könnte. Wenn wir diese Vorgaben auf heute übertragen, erkennen wir, daß viele Männer verwundete Fischerkönige sind. Sie können nicht leben, aber auch nicht sterben. Sie sind in ihrer Arbeit, ihren Verpflichtungen, ihrer Ehe oder ihrem Ehrgeiz gefangen. Sie erledigen ihre Arbeit, aber sie scheinen ihre Träume und den Sinn verloren zu haben. Sie kämpfen sich durch ihr Dasein, aber ihnen fehlt die Freude daran. Sie sind gelähmt, genau wie der Fischerkönig.

Eine derartige Lähmung können wir heutzutage z.B. bei einem Vater beobachten, der schon seit Jahren nicht mehr weiß, was er seinen Kindern sagen soll, bei einem Mann, der in seiner Beziehung keine Initiative mehr zu ergreifen wagt, bei einem Manager, der die Kohlen nicht mehr selbst aus dem Feuer holen kann und dafür jemand anders einstellt, oder bei einer Führungskraft, die sich nicht mehr traut, Beschlüsse zu fassen, wie wir es an der apathischen Haltung der europäischen Staatsoberhäupter beim Krieg im ehemaligen Jugoslawien sehen konnten. Es ist eine lähmende Versagensangst, die diese Männer fest im Griff hat und die jahrelang andauern kann. Sie wissen nicht, ob sie vorwärts oder zurück müssen, und haben Angst, die falsche Wahl zu treffen, etwas nicht richtig zu machen. Sie fühlen sich, bewußt oder unbewußt, wegen früherer Fehler oft schuldig und trauen sich nicht mehr, entschlossen aufzutreten. Sie sind gelähmt.

Der kranke König spiegelt sich auch in der Blutleere und der Langeweile der Amtsmühlen und anderer bürokratischer Systeme wider, in der zu weit reichende Regulierungen oder übertriebene Formalitäten eine von Herzen kommende Spontaneität abtöten; in der Trockenheit der Politik, in deren Worten und Debatten Authentizität und Originalität oft untergehen.

Ein weiteres Beispiel ist das Grau auf den Gesichtern der Menschen, die morgens zur Arbeit gehen, der große graue Strom, in dem man jeden Funken Lebensfreude über den neuen Tag vergeblich suchen wird. Der Gral ist verschwunden, und ein zäher Grauschleier bedeckt das Leben. Wir können nicht leben, aber auch nicht sterben.

Die meisten Männer opfern ihr Leben für das, was von ihnen erwartet wird: Karriere machen, Geld verdienen, Erfolg haben; Erwartungen, die eher Verpflichtungen als Wünsche sind. Aber nur wenige Männer haben wirklich den Mut und die Möglichkeit, das zu tun, was ihnen ihr Herz zuflüstert. Begriffe wie »Autorität« und »Verantwortlichkeit« sind deshalb auch immer an äußere Faktoren geknüpft: an die Autorität eines anderen anstelle der eigenen inneren Autorität, an die Verantwortlichkeit gegenüber unserem Chef, unserer Frau und den Kindern oder der Gesellschaft anstelle der Verantwortlichkeit gegenüber uns selbst. Wir befürchten, daß alles schiefgehen würde, wenn wir wirklich das täten, was wir wollen, daß wir in der Gosse landen, uns unsere Frau davonlaufen würde. Wir bekommen Angst vor unserer Spontaneität, unserer Lebenslust, unserer Echtheit. Wir haben uns daran gewöhnt, zu tun, was sich gehört, und alles so zu machen, wie wir es seit Jahren tun, anstatt darauf zu achten, was wir selbst wollen. Wir haben uns davon sogar so weit entfernt, daß wir meistens nicht einmal mehr wissen, was wir tief in unserem Herzen wollen. Uns fällt womöglich nichts weiter ein, als daß wir mehr Geld oder mehr Sex wollen, mehr Freizeit oder ein neues Auto. Das sind die Dinge, von denen wir träumen: Wir träumen von Sex, Geld und von einer Zeit, in der wir wirklich frei sein werden zu tun, was wir wollen. Aber in der Zwischenzeit ändert sich nichts, die Träume bleiben Träume. Wir wissen nicht mehr, wie wir unsere Träume verwirklichen können. Wir rackern uns ab, aber ohne das gewünschte Ergebnis. Auch wenn wir steinreich werden und enorm viel Sex haben, bleiben wir dennoch im eigentlichen Sinne des Wortes unbefriedigt. Wir scheinen ein großes schwarzes Loch mit uns herumzutragen, das durch nichts aufgefüllt zu werden vermag. Wir haben den Schlüssel vergessen, der die Tür zu einer Befriedigung auf einer tieferen Ebene öffnet, einer Befriedigung, die uns buchstäblich be-friedigt, einen tiefen inneren Frieden schenkt – mit uns selbst, mit unserem Partner und mit der Welt um uns herum. Hier beginnt die Suche nach dem Gral, dem Kelch, der unser Herz wieder erblühen läßt, der den König heilt und das Land wieder fruchtbar macht. Wir warten auf den Helden, den Teil in uns, der bereit ist, Risiken einzugehen und den Gefahren zu trotzen, die auf dem Weg der inneren Entwicklung lauern.

Der naive Held

Viele Heldengeschichten beginnen damit, daß der junge Held das elterliche Haus verläßt und sich auf die Reise begibt. Ihn treiben eine heilige Aufgabe oder ein Traum, und er bricht alle Brücken hinter sich ab. Im Tarot, einem aus dem Mittelalter stammenden Kartenspiel, wird dieser junge und naive Held durch die erste Karte dargestellt, den »Narren«. Der Archetyp des Narren symbolisiert den Anfang jeden Prozesses. Wir sind noch unvoreingenommen und wissen nicht, was geschehen wird. Hier sehen wir die Kraft der Unschuld und Naivität. Wenn wir schon vorher wüßten, wie die Dinge weitergehen, würden wir gar nicht erst anfangen.

Parzival ist der Prototyp dieses jungen und naiven Helden. Er wird durch die Pracht und den Glanz der Waffen und der Ausrüstung der Ritter verzaubert und weiß instinktiv, daß dies seine Bestimmung ist. Er befindet sich jedoch noch im Einflußbereich seiner Mutter, die ihn großgezogen hat und zu verhindern sucht, daß er etwas von der Außenwelt erfährt. Aus Angst, daß er seinem Vater ähnlich werden und in dessen Fußstapfen treten könnte, versucht sie, ihren Sohn klein zu halten.

Jede Mutter und jeder Sohn wird sich in dieser Geschichte wiedererkennen; die Mutter befürchtet, daß ihr Sohn sie verlassen und genauso werden wird wie der Vater. »Siehst du, du bist genau wie dein Vater«, wird sie ihm vorwerfen. Sie wird alles tun, um ihren lieben kleinen Jungen von der Welt der Männer fernzuhalten. Es ist eine Welt, die rauh und gefährlich ist, in der entweder Gewalt und Rohheit den Ton angeben oder hohe Ideale, für die heftig gekämpft wird.

Der Mann, in den sie sich einmal verliebt hatte, ist im Kampf gefallen. Das trifft heutzutage für die meisten Mütter zu: Den Mann, in den sie verliebt war, gibt es nicht mehr. Statt dessen sitzt sie da mit einem Ehemann, der seinen Heldenmut und seine Ritterlichkeit vor langer Zeit verloren hat, oder mit einem Tyrannen, der seine Aggressionen nicht im Zaum halten kann oder seine Macht mißbraucht. Sie wird ihren Mann im Beisein ihres Sohnes beschimpfen und ihrem Sohn erzählen, was für ein Versager er ist. Derartiges Schimpfen scheint in der heutigen Zeit eine allgemein akzeptierte Erscheinung zu sein: Mit der größten Begeisterung wird an den Männern Kritik geübt. In Frauenzeitschriften wird lebhaft über den idealen Mann phantasiert, doch wie kläglich schneidet im Vergleich damit der heutige Mann ab. »Man gewöhnt sich an alles, außer an den eigenen Mann.«

Mit dem weißen Hemd, das sie ihrem Sohn gibt, versucht die Mutter, seine Reinheit und Unschuld zu bewahren. Aber der Weg seiner Entwicklung wird ihn gerade zur Unreinheit hinführen. Er muß das Leben in seiner ganzen Vielfalt kennenlernen, um es in all seiner Grausamkeit, aber auch in all seiner Schönheit zu ergründen. Dadurch wird er schließlich in der Lage sein, den heiligen Gral zu erblicken. Wenn er das nicht tut, bleibt er naiv und wird in seiner Naivität und Unwissenheit viel Schaden anrichten.

Manchmal kommen Männer in höherem Alter dahinter, daß sie ihr ganzes Leben lang das weiße Hemd getragen haben. Sie haben getan, was von ihnen erwartet wurde, und haben an ihre Unschuld geglaubt. Sie ähneln Ödipus, einer Gestalt aus der griechischen Mythologie, der nicht wußte, daß er seinen eigenen Vater ermordet hatte und mit seiner Mutter verheiratet war. Er war wild entschlossen, den Täter zu bestrafen, bis ihn der blinde Seher Teiresias auf sein verhängnisvolles Schicksal hinwies: er selbst war der Täter. Als diese grausame Erkenntnis zu Ödipus durchdringt, sticht er sich die Augen aus und irrt für den Rest seines Lebens durch die Lande.

Es dauert lange, bis wir den Mut haben, unsere eigenen blinden Flecken anzuschauen. Für andere sind sie zumeist sonnenklar, aber für uns bleiben sie unsichtbar. Wenn wir nicht in die dunklen Seiten des Lebens eingeweiht sind und uns zu sehr mit der Unschuld des Helden identifizieren, richten wir unbewußt Schaden an.

Ein heutiges Beispiel für das »weiße Hemd« ist der weiße Kragen oder das makellos weiße, gut sitzende Oberhemd der Geschäftsleute. Sie verrichten ihre Arbeit in der Öffentlichkeit und sind sich oft nicht bewußt, was sich in den dunklen Höhlen ihres Unbewußten abspielt. Deshalb scheinen Firmen manchmal kein Gewissen zu haben; sie haben ihr weißes Hemd noch an und sind sich z.B. der Verschmutzung, die sie verursachen, oder der negativen Rolle, die sie in Entwicklungsländern spielen, nicht bewußt. Sie richten ihren Blick auf den Gewinn und die positiven Folgen für den Arbeitsmarkt, können ihren eigenen Schatten aber nicht sehen. Oft zwingt uns erst eine Krise dazu, der schmerzlichen Wahrheit ins Gesicht zu sehen.

Einmal habe ich in Rußland während eines Kongresses ein Seminar über das Thema »Mann/Frau« gehalten. Als Männer und Frauen in getrennten Gruppen arbeiteten, wurde in der Frauengruppe das Thema »Abtreibung« aufgegriffen. Es stellte sich heraus, daß eine russische Frau in ihrem Leben durchschnittlich dreizehn Abtreibungen durchmacht. Als die Frauen, wütend darüber, wieder mit den Männern zusammenkamen, reagierten diese voller Unverständnis. Niemand hatte ihnen jemals erzählt, daß eine Abtreibung für eine Frau ein Problem sei. Sie steckten noch immer in ihrem weißen Hemd und hatten wirklich keine Ahnung von dem Unheil, das sie in ihren Familien angerichtet hatten.

Damit er seine Unschuld verliert, muß ein Sohn seine Mutter und ihre Welt verlassen und sich auf die Suche nach dem fehlenden Bild seines Vaters begeben. Das ist der Weg der Initiation, über den auf vielfältige Weise in Mythen und Erzählungen berichtet wird. Ohne diese Reise wird ein Mann vielleicht glücklich und zufrieden sein mit dem, was ihm zufällt, aber tief in seinem Inneren wird das Unbekannte weiterhin rufen, und mag er sich auch noch so sehr dagegen sträuben, noch so viele Versicherungen abschließen, noch so hohe Mauern um sein Herz errichten. Das Leben wird unbeirrbar weiter bei ihm anklopfen.

Bei einem Treffen der *Wilden Männer* tauchte einmal ein Mann auf, der als Grund für sein Kommen angab, daß er vom Lärm der Nachbarn verrückt würde. Das kann natürlich passieren, aber dieser Mann war deswegen bereits siebenmal umgezogen: Jedes Mal wohnte er wieder neben, unter oder über Nachbarn, die ein geselliges Familienleben führten und ihn mit ihrem Lärm zum Wahnsinn trieben. Er hatte bereits alles probiert: freundlich bitten, ob es etwas leiser ginge, böse werden, Drohbriefe schreiben usw., bis er schließlich dazu übergegangen war, sein eigenes Radio so laut zu stellen, daß es den Krach der Nachbarn übertönte. Das brachte ihn zur Verzweiflung.

Nach sieben Umzügen begriff er, daß die Lösung des Problems nicht außerhalb von ihm zu suchen war, sondern in ihm. Etwas in seinem Inneren forderte seine Aufmerksamkeit, und wenn er sich damit nicht auseinandersetzte, könnte er auf dem Nordpol wohnen und dort feiernde Eskimos als Nachbarn bekommen. Für diesen Mann war der sich ständig wiederholende Ärger Anlaß, seine Reise nach innen anzutreten.

Jeder Mann empfängt früher oder später eine Botschaft aus seinem Unbewußten, ob in Gestalt eines Unfalls, einer Krise oder eines unerklärbaren Ereignisses, das ihn veranlaßt, sich auf die Reise zu machen, eine Reise, die er noch nie unternommen hat, eine innere Reise. Es ist egal, ob wir jung sind oder alt, zu einem bestimmten Zeitpunkt müssen wir das elterliche Haus verlassen. Wir müssen uns von der schützenden Umgebung frei machen, die wir bis dahin als die ganze Welt betrachtet haben. Wir müssen die sicheren und vertrauten Denkmuster, mit denen wir aufgewachsen sind, hinter uns lassen und dem Unbekannten entgegengehen.

Die Gralsburg oder Der Zugang zur mythologischen Wirklichkeit

Für Parzival ist der Aufruf zur inneren Reise die Vision der Gralsburg. Die Beschreibung der Gralsburg zeigt eine starke Ähnlichkeit mit der Epiphyse, wie Grete Bockholt in einer Veröffentlichung aus dem Jahre 1926 gezeigt hat.[14] Die Epiphyse oder Zirbeldrüse liegt im Zentrum des Gehirns und erfüllt die Funktion eines inneren Auges. Sie ist das Organ, das für Einsicht, Visionen und übersinnliche Wahrnehmungen sorgt. Die Zirbeldrüse ist ein Teil des Hirnstamms, von dem man weiß, daß er bei der Geburt bereits vollständig entwickelt ist, und der, im Gegensatz zu den meisten anderen Hirnteilen, kaum mehr wächst.

Bei Parzival »erwacht« dieses Organ, aber die Vision verschwindet sehr schnell wieder. Als er am nächsten Tag wach wird, ist die Burg nicht mehr aufzufinden. Der Besuch auf der Gralsburg ist nur noch eine Erinnerung, lediglich ein vager Eindruck bleibt ihm von dem, was in der Nacht noch ein klares Bild war. Die Gralsburg erfahren wir in Form eines mystischen Gipfelerlebnisses, das wir in unserer Jugend machen, mit dem wir aber noch keine Konsequenzen verbinden. Wir verlieren den Kontakt mit der magischen Welt wieder und nehmen erst später erneut Verbindung dazu auf. Es handelt sich um einen erhöhten Bewußtseinszustand, die mystische Einheitserfahrung, die viele Mystiker beschrieben haben und von der wir ab und zu einen Schimmer erhaschen, wenn wir verliebt sind oder tief in der Meditation versinken und uns mit einem anderen Menschen oder der Welt um uns herum verbunden fühlen; in Momenten, in denen wir miteinander verschmelzen und erkennen, daß wir im tiefsten Wesen eins sind mit der gesamten Schöpfung.

Der Aufenthalt in der Gralsburg stellt für Parzival eine solche mystische Erfahrung dar. Die Gralsburg hat für ihn die Funktion eines Tors zur mythologischen Wirklichkeit: zur Welt des Unbewußten, der Traumwelt der Seele. Innerhalb der Gralsburg bekommt er Bilder und Visionen zu sehen, die ihn für den Rest seines Lebens beschäftigen werden.

Das Tor zum Unbewußten spielt in vielen mythischen Erzählungen eine Rolle. In *Alice im Wunderland* ist es ein Kaninchenbau, in den Alice hineinstolpert, als sie hinter einem Kaninchen herrennt. Im Inneren des Baus trifft sie auf eine Welt, die überhaupt nicht mit der gewohnten Welt übereinstimmt, die ihr Rätsel aufgibt und sie viel über das Leben lehrt. In dem bekannten amerikanischen Märchen *Der Zauberer von Oz* wird die Hauptperson Dorothy aus Kansas von einem Wirbelsturm in das Land von Oz getragen. Im Gegensatz zu ihrem normalen, etwas langweiligen Leben auf der Farm in Kansas, wo sie mit den typischen Teenagerproblemen aufwächst, begegnet ihr hier eine Welt der Farben, Zwerge, Feen und Hexen und ein Zauberer, der ihr vielleicht den Weg zurück nach Hause zeigen kann.

In Michael Endes *Die unendliche Geschichte* wird der dicke Bastian von der Kindlichen Kaiserin, einer Figur aus dem Buch, das er gerade liest, gerufen.[15] Sie bittet ihn um Hilfe, weil ihre Welt gerade dabei ist zu verschwinden. Nach kurzem Zögern beschließt Bastian, ihr zu Hilfe zu eilen, und landet in Phantásien, dem Reich der Kindlichen Kaiserin. Eine etwas modernere Version vom Zugang zur mythologischen Realität bietet der Film *Last Action Hero* mit Arnold Schwarzenegger. Darin spielt Arnold Schwarzenegger einen Filmhelden, der die Illusion des Films durchbricht und plötzlich im Kinosaal erscheint. Er nimmt einen Jungen, der dort sitzt und den Film anschaut, auf seine Abenteuer mit.

Am Ende dieser Geschichten kehrt die Hauptperson in die ihr bekannte Welt zurück. Alice erwacht aus einem Traum. Dorothy kommt wieder auf die Farm in Kansas zurück, indem sie dreimal ihre silbernen Schuhe gegeneinander schlägt. Bastian kehrt zu seinem Vater zurück, der besorgt auf ihn wartet, und der Junge in *Last Action Hero* befindet sich am Ende wieder im Kino. Die Geschichte ist zu Ende, aber etwas hat sich verändert: Der Held hat ein paar wichtige Lektionen fürs Leben gelernt, die ihm fortan beim täglichen Umgang mit der Wirklichkeit helfen werden.

In der keltischen Tradition wird die mythologische Realität »Annwn« oder »Anderwelt« genannt. Sie ist die unsichtbare Welt, die dicht hinter der normalen Welt liegt. Mythen und Rituale sind Tore zu dieser mythologischen Realität. Auf dem Brunnendeckel des heiligen Brunnens in Glastonbury, der magischen Insel Avalon, auf die König Artus gebracht wurde, als er im Sterben lag, befindet sich ein Zeichen, das diese beiden Welten symbolisiert. Auf dem Deckel sind zwei Kreise zu sehen, die sich in der Mitte überschneiden. Der eine Kreis steht für die Alltagswirklichkeit, der andere für die mythologische Realität, die Anderwelt. Avalon wurde als eins der Tore zu dieser anderen Welt betrachtet, ein magischer Platz, an dem die Trennlinie zwischen beiden Welten hauchdünn war. Überall auf der Erde befinden sich derartige magische Plätze oder Orte der Kraft. In vorchristlicher Zeit wurden an diesen Plätzen Rituale abgehalten. Später sind in Europa an diesen Orten oft Kirchen entstanden. In ihrem Roman *Die Nebel von Avalon* beschreibt Marion Zimmer Bradley, wie mit dem Aufkommen des Christentums und dem Verschwinden des Matriarchats auch das Wissen um den Übergang zwischen diesen beiden Welten in Vergessenheit gerät.[16] Die magische Welt treibt immer weiter weg von der normalen Welt, bis sie vollständig im Nebel verschwunden ist, dem Nebel des Unbewußten.

Die unendliche Geschichte handelt von der Notwendigkeit der Verbindung zwischen beiden Welten. Wenn die Verbindung abgebrochen ist und niemand mehr hin- und herreisen kann, sterben beide Welten. Das geschieht z.B. bei einem Menschen, dessen Träume abhanden kommen, der seine Bedürfnisse und seinen Lebenssinn aus den Augen verliert und innerlich abstirbt. Sein Leben wird grau und öde.

Auf gesellschaftlicher Ebene bedeutet dies, daß die Welt entmythologisiert wird. Mit der Entwicklung des Verstandes und der Rationalität haben wir die Verzauberung verloren, die Möglichkeit, zu träumen und Wünsche zu äußern. Damit haben wir uns von einem wesentlichen Teil des Menschseins abgeschnitten: von der schöpferischen Kraft der Gedanken, der Macht des Wünschens, der Verzauberung durch Geschichten, der Magie von Mythen. Um zu überleben, werden wir uns dazu verführen lassen müssen, die Welt der Magie erneut zu betreten. »Du mußt dich auf den Weg der Götter begeben, und das erfordert Mut«, wie der Mentor in Mary Stewarts *Flammender Kristall* zu dem jungen Merlin sagt.[17]

In indianischen Kulturen begaben sich junge Männer als Teil ihrer Initiation auf »Visionssuche«. Das bedeutet, daß sie einige Tage allein und oft ohne Nahrung in der Natur verbrachten und darauf warteten, daß der Große Geist zu ihnen sprach. Mit Hilfe der Vision, die sie bekamen, verstanden sie ihre Rolle auf der Erde und waren bereit, ihre Aufgabe zu erfüllen. Klarheit über diese Rolle zu bekommen ist vielleicht der allerwichtigste Teil der Initiation vom Jungen zum Mann. In der Verschiedenartigkeit des Lebens wird deutlich, was wir selbst darin zu bedeuten haben; das gibt unserem Leben Inhalt und Sinn. Wir sind hier nicht ohne Grund. Jeder von uns bekommt eine bestimmte Aufgabe, einen Weg und die Herausforderungen und Lehren, die dazu gehören. Aber meistens vergessen wir die Aufgabe. Wir machen alles, erschaffen alles mögliche, gehen täglich zur Arbeit, sparen für die Rente usw., aber wir haben den Sinn des Lebens verloren. Und nicht nur den Sinn *des* Lebens, sondern auch den Sinn *im* Leben. Wir verlieren unsere Lebenslust, wenn wir nicht mehr wissen, wozu wir hier sind. Wir lassen uns von der Masse mitziehen und sterben innerlich ab. Mythologisch gesprochen:

der König ist krank und mit ihm das Land. Er ist an seinem Schenkel verletzt oder, wie in der Parzival-Bearbeitung von Wolfram von Eschenbach, an seinen Hoden, und das einzige, was ihn heilen kann, ist das Lebenswasser aus dem heiligen Gral.

Der rote Ritter

Bevor wir den Gral finden können, müssen wir jedoch noch mit dem roten Ritter kämpfen. Der rote Ritter steht für Tatkraft, für eine gesunde Aggressivität. Er symbolisiert eine Energie, die Grenzen setzt, die »Nein« sagen kann, die nicht brav ist, sondern deutlich. Eine männliche Energie, die stark und klar ist.

Aber bevor wir mit der Aggressivität gut umgehen können – das Schwert erheben, ohne gleich verletzen oder töten zu müssen – müssen wir unsere eigenen Wunden eingehend untersuchen; die Verletzungen, die uns durch die Aggressivität anderer im Laufe unseres Lebens zugefügt wurden.

In dem Film *König der Fischer* mit Robin Williams und Jeff Bridges wird der rote Ritter auf besondere Weise interpretiert. Wir sehen einen Professor, der durch ein traumatisches Ereignis gehandikapt ist: Er hat sein Gedächtnis verloren, weiß nicht mehr, wer er ist, und landet schließlich als Stadtstreicher in der Gosse. Er ist ein Fischerkönig, der unheilbar krank ist. Im Laufe der Jahre gewöhnt er sich an sein Pennerdasein, bekommt aber immer mehr Probleme mit Visionen von einem roten Ritter, der ihn verfolgt. In dem Moment, in dem der rote Ritter ihn schließlich angreift, wird deutlich, wer der rote Ritter ist; er symbolisiert die traumatische Erinnerung an seine Vergangenheit. Bei einer Schießerei in einem Café wurde seiner Frau in den Kopf geschossen, und dabei spritzte ihm ihre Gehirnmasse ins Gesicht.

Der rote Ritter symbolisiert hier also ein Ereignis, das so heftig und überwältigend war, daß er es in dem Moment nicht verarbeiten konnte und verdrängte. Dadurch können wir überleben, aber gleichzeitig verlieren wir unseren »Gral« oder unsere Lebensenergie.

Demselben traumatischen Phänomen begegnen wir bei Soldaten, die vom Krieg heimkehren. Sie haben Dinge gesehen, die in ihrer Seele eine Art Kurzschluß verursacht haben. Ihr Herz ist aus Angst vor dem unermeßlichen Schmerz und dem Kummer, den sie mit sich herumtragen und nie mehr anzuschauen wagen, ein für allemal verschlossen. Sie sind zermürbt und versuchen, die Geister der Vergangenheit zu vergessen, indem sie trinken, Drogen nehmen oder als letztes Mittel, wenn alles andere nicht hilft, um den Qualen zu entgehen, Selbstmord begehen. Nach dem Ende des Vietnamkriegs haben mehr Soldaten Selbstmord begangen, als im Krieg gefallen sind. Die innere Landschaft dieser jungen Männer muß so sehr verwüstet gewesen sein, daß es unmöglich war, damit weiterzuleben.

In Rußland sprach ich mit einem Afghanistan-Veteranen, der zu mir sagte: »Wie kann ich jemals wieder mit meiner Frau und meiner kleinen Tochter normal umgehen? Mit ihnen lachen und spielen, sie umarmen und meinem Kind ein Vater sein? Das kann ich nicht mehr, niemals mehr. Das ist vorbei. Deshalb trinke ich mit meinen Kameraden. Wenn ich kann, gehe ich so schnell wie möglich wieder in den Krieg, vielleicht als Söldner nach Jugoslawien. Krieg ist die einzige Welt, die ich noch kenne.« Der rote Ritter verfolgt ihn Tag und Nacht, in seinen Träumen und in seiner Phantasie, wodurch die alltägliche Wirklichkeit nicht mehr zu ertragen ist.

Auch bei Menschen, die vergewaltigt worden sind, kommt es zu einer vergleichbaren Lähmung: Sie verdrängen das Trauma oder spalten sich selbst in verschiedene Persönlichkeiten auf, was zu einem Geisteszustand führt, der unter dem Namen »multiple Persönlichkeitsstörung« bekannt ist. Wir können sie als eine Überlebensstrategie erklären, bei der bestimmte Teile der Persönlichkeit weiterhin funktionieren und sich der Schaden auf einen Teil der Psyche beschränkt. Dieser fehlende Teil ist versiegelt und gut abgeschirmt, und manchmal dauert es Jahrzehnte, bevor jemand in der Lage ist, diesen verletzten Teil wieder hervorzuholen, anzuschauen und nachträglich zu integrieren. Es bleibt uns nichts anderes übrig, als den Kampf mit dem roten

Ritter aufzunehmen und die schmerzliche Wahrheit zu akzeptieren oder zu sterben.

Hinter der Unwissenheit und der Naivität des Helden liegt die grausame Wirklichkeit des roten Ritters. Der rote Ritter wird bei jedem Mann eine andere Gestalt annehmen. Er braucht nicht immer so krasse Formen anzunehmen wie ein Kriegs- oder ein Vergewaltigungserlebnis; Tragödien spielen sich manchmal auch auf subtileren Ebenen ab, an die wir uns später nicht mehr erinnern, weil wir sie sorgfältig aus unserem Bewußtsein verbannt haben. Aber der Schmerz und der Kummer, den wir in unserem Körper mit uns herumtragen, ist oft unbeschreiblich, ohne daß wir selbst es als schlimm empfinden. Oft werden wir erst durch eine Krise mit diesen verdrängten Seiten unserer selbst konfrontiert, aber auch Träume und körperliche Probleme können uns zu dieser unbekannten Welt in unserem Inneren Zugang verschaffen.

Das Wasser des Lebens

Ein Märchen, das viele Ähnlichkeiten mit der Geschichte vom Fischerkönig aufweist, ist »Das Wasser des Lebens«. Auch diese Geschichte handelt von einem König, der unheilbar krank ist. Kein Arzt im Land kann ihm helfen. Das einzige, was ihn retten kann, ist ein Becher mit Lebenswasser. Die drei Söhne des Königs machen sich einer nach dem anderen auf den Weg, um das Lebenswasser zu finden. Die ersten zwei Söhne schenken dem Rat eines Zwerges, den sie unterwegs treffen, keine Beachtung und reiten in eine Schlucht, in der sie steckenbleiben. Der dritte Sohn nimmt den Rat des Zwergen ernst und bekommt schließlich das Lebenswasser. Er befreit seine beiden Brüder und bringt das Lebenswasser zu seinem Vater, der davon trinkt und gesund wird.

Manchmal scheint die mythologische Realität sehr direkt und deutlich durch die »echte« Wirklichkeit hindurch, so daß sich eine eigenartige Mischung von Mythos und Wirklichkeit ergibt. Eine derartige Situation erhalten wir z.B., wenn wir diese Geschichte auf das niederländische Königshaus übertragen. Unser »König«, auch wenn er nicht König, sondern Prinz genannt wird, ist unheilbar krank; kein Arzt im Land kann ihm helfen. Darüber hinaus hat er drei Söhne. Wir sehen bei Prinz Claus, um den es hier geht, dieselbe »Lähmungserscheinung«, wie wir sie bei dem kranken Fischerkönig sahen. Er lebt, aber seine Kraft ist weg, und nichts kann ihn heilen. Auch hier wird deutlich, daß es sich nicht so sehr um eine körperliche Erkrankung handelt, sondern um ein seelisches Leiden. Seine Lebensenergie scheint blockiert zu sein. Der Speer des Schicksals hat ihn getroffen und verwundet. Medikamente oder rationale Analysen helfen nicht weiter. Das einzige, was helfen kann, ist das Lebenswasser. Aber wie finden wir es?

Der König als Verkörperung des Landes

Nach den keltischen und ägyptischen Überlieferungen verkörpert der König das Land. Wenn es dem König gut ging, ging es dem Land gut und umgekehrt. Mythologisch kann das auf zweifache Weise interpretiert werden. Bildlich gesprochen, verkörpert der König das Bewußtsein seines Volkes. Zum anderen ist er durch seine archetypische Position Träger des kollektiven Bewußtseins. Er personifiziert die Gesundheit und den Stolz seines Volkes, aber auch das, was in seinem Volk unterdrückt wird. So, wie ein Kind die unterdrückten Seiten seiner Eltern zum Vorschein bringt, so verkörpert der König oft die unterdrückten Seiten seines Volkes.

Die Eheprobleme von Prinz Claus und Lady Diana z.B. sind (bzw. waren) keine Einzelfälle; bei Diana kam dabei zwangsläufig ein Prozeß zum Ausdruck, der sich im gesamten britischen Volk abspielt, das Unterdrücken von Gefühlen, Sexualität und Begierden. Das tadellose Bild des Engländers, in dem kein Platz für Erotik, Sexualität und Lust ist, zerbricht plötzlich in aller Öffentlichkeit. Alles, was unterdrückt wurde, kommt dadurch an die Oberfläche.

Prinz Claus ist derjenige, der einen Teil des kollektiven Schattens des niederländischen Volkes mit sich schleppt. Seine Krankheit symbolisiert ein kollektives Muster in der niederländischen Psyche, wonach Persönlichkeitsanteile, die nicht sein dürfen, unterdrückt werden: Schmerz, Kummer, Wut, Entsetzen und Depression.

Das hat zum Teil etwas mit dem Zweiten Weltkrieg zu tun. Nach dem Krieg haben die Niederlande gleich wieder mit dem Wiederaufbau begonnen, um den Schmerz des Krieges so schnell wie möglich zu vergessen. Zeit für Trauer gab es nicht, und man hat sie sich auch nicht genommen. Man war sich nicht darüber im klaren, daß der Krieg ohne einen tiefen Prozeß der Trauer nicht beendet ist, sondern unterschwellig weiter wütet. Erst 50 Jahre später ist man in der Lage, die psychischen Wunden des Krieges zu spüren und nachträglich zu verarbeiten.

Aufgrund seiner deutschen Abstammung und seiner Position als Partner des niederländischen Staatsoberhaupts kam Claus in eine sehr schwierige Situation. Er landete mitten in einem Volk, das ihn zunächst nicht akzeptierte. Er war ein »Feind« und durfte es nicht wagen, sich Geltung zu verschaffen. Die Proteste während der Hochzeit sprachen eine deutliche Sprache: »Claus raus!«

Claus war gezwungen, nur seine positiven Seiten zu zeigen und seine Schattenseiten zu verbergen. Stars wie Judy Garland, Elvis Presley, Shirley Temple und andere befanden sich in der gleichen Situation: Sie wurden von der Öffentlichkeit zu positiven und leuchtenden Vorbildern hochstilisiert; für ihre Schattenseiten war kein Platz. Nachdem sie so lange verleugnet und ignoriert worden war, rächte sich ihre Schattenseite, indem sie sie zugrunde richtete. Der Unterschied zwischen dem inneren und dem äußeren Leben war zu groß geworden. Durch Drogen, Alkohol oder Gewalt kamen sie frühzeitig ums Leben.

Daß der König die Verkörperung des Landes darstellt, kann aber auch wörtlich interpretiert werden. Zwischen der Natur, der Umwelt und dem Zustand des Königs besteht ein inniger Zusammenhang. Die Vorstellung, daß der König und das Land eins sind, stammt aus Kulturen mit Agrarwirtschaft. Der König verkörpert das Land. Wenn es dem König nicht gutgeht, geht es dem Land auch nicht gut. Im alten Ägypten herrschte die Vorstellung, das Land sei wohlhabend und fruchtbar, solange das Königshaus blühe und gedeihe. Frühen keltischen Quellen entnehmen wir, daß der König und die Königin sich einmal im Jahr unter freiem Himmel liebten, um die Fruchtbarkeit des Landes und eine gute Ernte zu garantieren. Diese Geschichten zeigen die Verbindung zwischen dem Bewußtsein des Königs und dem Zustand der Natur. Der König ist der archetypische Träger der Natur; er ist die Stimme der Erde.

Zu Beginn des Jahres 1995 sprach Prinz Claus auf einer Umweltkonferenz. Er äußerte sich sehr besorgt über die Umwelt, und die Presse kreidete ihm später an, er sei zu pessimistisch. Claus thematisierte das Unvermögen unserer westlichen Kultur und zugleich die Notwendigkeit, über das gigantische Ausmaß und die Dringlichkeit des Umweltproblems nachzudenken. Berichte über die kranke Natur werden immer zahlreicher und drängender. Die Bäume sind krank, Tierarten sterben aus, der Boden ist vergiftet, die Luft ist verschmutzt, die Wüsten breiten sich jährlich um 60 000 Quadratkilometer aus, während wir gleichzeitig eine Fläche von der Größe Europas an Waldgebieten und Regenwäldern verlieren. Das ist ein Fußballfeld pro Minute. Prinz Claus äußerte auf der erwähnten Umweltkonferenz seine Sorge über die Umwelt und rührte damit an die archetypische Verbindung zwischen König und Land: Das Land ist unfruchtbar, und der König ist krank, so wie unsere innere Landschaft und unser innerer König krank sind.

Im Gralsmythos wird noch eine zweite Verbindung zwischen König und Land hergestellt: die Verbindung zwischen der Unfruchtbarkeit des Landes und der Verwundung der Hoden des Königs, wie es in der Bearbeitung von Wolfram von Eschenbach beschrieben ist.[18] In den Hoden ruht die Fruchtbarkeit, der Samen des Mannes.

Dieser Umstand spiegelt sich gegenwärtig in einer beunruhigenden Entwicklung wider: Die Fruchtbarkeit und die Qualität des männlichen Samens werden immer schlechter. Wir erkennen noch nicht, daß wir uns mit dem Überschreiten der Grenzen der

Natur selbst schaden und uns in unserem Kern treffen, unserer Männlichkeit. Nur in Verbindung mit der Erde können wir fruchtbar sein, nicht nur bei der Fortpflanzung, sondern auch bei unseren Taten. Denn die Hoden des Mannes stehen nicht nur für seine Fruchtbarkeit, sondern auch für seine männliche Tatkraft. Bei unserem Streben nach Fortschritt und Wohlstand haben wir den Kontakt zur Erde verloren; wir sind höher und höher gestiegen, technisch immer versierter geworden, wir bauen immer höhere Wolkenkratzer, erkunden das Weltall, aber die Verbindung mit der Erde und unserer inneren Natur haben wir verloren.

Als er gezwungen wurde, sein Land zu verkaufen, sagte der Indianerhäuptling Seattle vom Stamm der Dwamisch in einer Rede zu den Weißen: »Wenn alle Tiere fort sind, wird der Mensch an einem Gefühl großer Einsamkeit sterben. Denn was den Tieren geschieht, geschieht auch bald den Menschen. Alles hängt zusammen. Was mit der Erde geschieht, geschieht den Kindern der Erde. Wir sind ein Teil der Erde, und die Erde ist ein Teil von uns.«[19]

Um wieder gesund und ganz zu werden, müssen wir unsere Verbindung zur Erde erneuern. Solange wir nach mehr und Besserem streben, werden wir die Wunde, die wir mit uns herumtragen, nicht wahrnehmen. Unser Herz ist verschlossen, und der König ist krank.

Nun ist für alle Ritter die Zeit gekommen, sich auf die Suche nach dem Gral zu machen.

Übung 1: Visualisierung der Gralsburg

Suchen Sie sich einen Platz, oder schaffen Sie sich einen, an dem Sie ungestört allein sein können. Richten Sie ihn so ein, daß Sie sich wohl fühlen. Achten Sie darauf, daß Sie weder von Arbeit noch vom Telefon oder anderen Beschäftigungen abgelenkt werden können. Bauen Sie eventuell einen kleinen Altar, auf den Sie Ihre Aufmerksamkeit richten können. Ein Meditationskissen eignet sich gut, um bequem aufrecht sitzen zu können. Sie können diesen Platz aufsuchen, um den Tag – oder die Woche – zu beginnen oder abzuschließen.

Lesen Sie für diese Übung den nachfolgenden Text durch, und prägen Sie sich die Bilder ein. Setzen oder legen Sie sich anschließend bequem hin, rufen Sie sich die Bilder wieder in Erinnerung, und beobachten Sie, was Ihre Phantasie ihnen jeweils hinzufügt. Automatisch werden kleine Bilder aus Ihrem Unbewußten erscheinen; dabei macht es keinen Unterschied, ob Sie die Phantasien aktiv hervorrufen oder ob diese spontan auftauchen. Wichtig ist, daß Sie sie behalten und anschließend aufschreiben. Sie können den folgenden Text auch auf Kassette aufnehmen – eventuell mit sanfter Begleitmusik – und abspielen, wenn Sie sitzen oder liegen.

Der Text lautet folgendermaßen:
Du liegst auf einer grünen Wiese. Um dich herum hörst du Vögel zwitschern, und du spürst den Wind sanft über dein Gesicht streichen. Du öffnest die Augen und siehst einen alten Mann, der dir winkt, mitzukommen. Du beobachtest den Mann und folgst ihm. Er führt dich über die Wiese an den Rand eines Waldes. Durch den Wald verläuft ein Pfad. Der Mann zeigt darauf, und du beschließt, dem Pfad zu folgen. Unterwegs achtest du auf das Aussehen der Bäume. Sind sie alt und dick oder jung und schlank? Sind sie gesund oder krank oder vielleicht sogar gefällt?

Am Ende des Pfades siehst du die Tore eines Schlosses. Du näherst dich und betrittst das Schloß über die Zugbrücke. Im Inneren stößt du auf einen großen Rittersaal, und wie du dich umschaust, siehst du an einer Seite des Saals den Fischerkönig sitzen. Du trittst näher und betrachtest ihn. Ist er groß oder klein, stolz oder bemitleidenswert, ist er niedergeschlagen, ängstlich oder vielleicht zornig? Achte auch darauf, ob der Fischerkönig verletzt ist, und wenn ja, wo. Du spürst, daß der Fischerkönig auf dich gewartet hat. Du kniest vor ihm nieder und fragst ihn, wodurch er verwundet wurde. Sei still, und achte auf die Antwort in deinem Inneren. Frage ihn dann, was ihn heilen kann. Horche wieder auf die Antwort. Während du zuhörst, siehst du auf der anderen Seite des Saals einen Altar, auf dem der heilige Gral steht. Betrachte den Kelch genau, und präge ihn dir in allen Einzelheiten ein. Stell dir in Gedanken die Frage: Wem dient der Gral? und lausche in der Stille nach einer Antwort.

Nimm dir noch ein wenig Zeit, und schau, ob es noch andere Dinge gibt, die dir auffallen. Zuletzt verabschiedest du dich vom König und verläßt das Schloß auf demselben Weg. Hinter dir geht die Zugbrücke hoch. Du kehrst auf dem Pfad zwischen den Bäumen zur Wiese zurück. Dort legst du dich wieder an die gleiche Stelle, von der du aufgestanden bist, und versinkst in einen tiefen Schlaf. Erfrischt wachst du wieder auf und streckst dich.

Schreiben Sie auf, welche Bilder Sie während dieser Visualisierung gesehen haben, und fragen Sie sich, was sie Ihnen zu sagen haben. Fragen Sie gegebenenfalls einen guten Freund, eine Freundin, Ihren Partner oder Therapeuten um Rat, damit Sie die Bilder besser interpretieren können. Denken Sie daran, daß es keine richtigen oder falschen Bilder gibt. Jedes Bild ist genau so, wie es sein muß. Indem Sie über die Bilder nachdenken oder sprechen, wird der Prozeß der Veränderung und Heilung in Gang gesetzt.

3. Hamlet oder Die Suche
nach dem Vater

»Zu den Aufgaben eines Mannes gehört es, seinen eigenen
Kummer zurückzufordern. Das bringt ihn in Kontakt mit
der Seele seines Vaters.« Robert Bly

Der Krieger ist der Archetyp des dritten Chakras. Das dritte Chakra ist das Chakra der Macht, des Grenzensetzens und der Kraft zu handeln. In *Hamlet*, Shakespeares bekanntestem Drama, stehen die Schwierigkeiten bei der Ausübung von Macht im Mittelpunkt. Warum zaudert Hamlet, seine Macht zu gebrauchen? Warum fängt er nicht an zu handeln, sondern bleibt in seiner Verzweiflung und seinem inneren Kampf stecken? Allgemeiner gefragt: Wann muß ein Mensch handeln, wann nicht? Was spornt einen Mann an, seine Krieger-Energie einzusetzen? Wann wird diese durch übermäßigen Gebrauch deformiert – oder umgekehrt dadurch, daß sie, wie im Fall von Hamlet, nicht eingesetzt wird? Welche Rolle spielt in diesem Kampf der Vater?

Schauen wir uns zunächst die Geschichte an:

Die Stimmung des dänischen Prinzen Hamlet ist düster und trotzig. Sein Vater ist vor kurzem gestorben, und seine Mutter Gertrude heiratet dessen Bruder Claudius.

Sein Freund Horatio erzählt ihm, daß zwei Wachen den Geist seines verstorbenen Vaters auf den Schloßmauern gesehen hätten. Hamlet geht in der folgenden Nacht selbst dorthin und spricht mit dem Geist seines Vaters. Dieser erzählt ihm, daß er keines natürlichen Todes gestorben sei, sondern von seinem Bruder ermordet wurde. Er bittet den Sohn, seinen Tod zu rächen.

Claudius und Gertrude machen sich Sorgen über Hamlets

labilen und bedrückten Zustand und beauftragen seine alten Freunde Rosencrantz und Güldenstern, herauszufinden, was in dem Prinzen vor sich geht. Polonius, der Ratgeber des Königs, führt das Verhalten Hamlets auf seine Liebe zu Ophelia, Polonius' Tochter, zurück. Als der König und Polonius ein Gespräch zwischen den beiden Verliebten belauschen, stellt Claudius fest, daß Hamlet Vermutungen über die Todesursache seines Vaters hegt.

In der Zwischenzeit ist am Hof eine Theatergruppe eingetroffen, und Hamlet bittet die Schauspieler, ein Stück aufzuführen, das Ähnlichkeiten mit dem Mord an seinem Vater zeigt. Er hofft, aus Claudius' Reaktionen während der Vorstellung einen Beweis für dessen Schuld erkennen zu können. Aber der König verläßt die Vorstellung und beschließt, Hamlet vorsorglich nach England zu schicken.

Bevor er abreist, führt Hamlet ein Gespräch mit seiner Mutter, in dem er sie mit ihrem Gewissen konfrontiert. Während des heftigen Wortwechsels bemerkt Hamlet hinter einem Vorhang einen ungebetenen Zuhörer und sticht ihn im Affekt nieder. Es stellt sich jedoch heraus, daß der Getötete nicht der König ist, wie Hamlet dachte, sondern dessen Ratgeber Polonius.

Nach Hamlets Abreise kommt Laertes, Polonius' Sohn, an den dänischen Hof. Er erfährt, daß sein Vater von Hamlet ermordet worden ist, und trifft seine Schwester Ophelia in einem Zustand geistiger Umnachtung an. Ophelia hat aufgrund der Ereignisse ihren Verstand verloren und ertränkt sich im Fluß. Von Claudius angestachelt, schwört Laertes, sich an Hamlet zu rächen.

Hamlet kann in England einem von Claudius geplanten Mordanschlag entkommen und kehrt wieder nach Dänemark zurück. Er trifft das königliche Gefolge bei dem Begräbnis Ophelias an. Hamlet tritt hervor, woraufhin Laertes seine Wut auf ihn sogleich abkühlen will. Die Kämpfenden werden jedoch voneinander getrennt, und sie einigen sich, den Konflikt durch ein Duell zu lösen. Horatio versucht,

Hamlet von dem Duell abzubringen, aber Hamlet will dem Kampf nicht länger aus dem Weg gehen. Der ganze Hof schaut zu, als Laertes und Hamlet miteinander fechten, aber Hamlet weiß nicht, daß der Degen von Laertes vergiftet ist. Die Königin will Hamlet Glück zuprosten und trinkt dabei unglücklicherweise aus dem vergifteten Becher, der ebenfalls schon für Hamlet bereitstand. Sie sinkt tot zu Boden. Mittlerweile sind sowohl Hamlet als auch Laertes durch den vergifteten Degen verwundet, und ihr Tod läßt nicht mehr lange auf sich warten. Mit letzter Kraft zwingt Hamlet Claudius, den Rest des Giftes zu trinken. Beide sterben. Horatio bleibt als einziger übrig. Ihm bleibt die Aufgabe, dem Heerführer Fortinbras, der am Ende des Stückes eintrifft, zu schildern, wie sich die Geschichte zugetragen hat.

Der Sonnenkönig und der Schattenkönig

Das Schauspiel beginnt damit, daß Hamlets Vater gestorben ist und sein Bruder Claudius von ihm den Thron sowie seine Frau Gertrude übernommen hat. Hier wird das alte mythologische Motiv vom immer wieder auftretenden Kampf zwischen dem Sonnenkönig und dem Schattenkönig auf die Bühne gebracht. Oft werden die beiden Könige als Brüder dargestellt. Der Sonnenkönig ist gerecht und gutherzig, der Schattenkönig gerissen und gemein. Er kämpft für seine persönliche Ehre und Macht, während der gute König seine Macht in den Dienst des Volkes stellt. Aufgrund seiner Gerissenheit gelingt es dem schlechten König, den guten zu töten oder zu vertreiben und den Platz auf dem Thron einzunehmen. Die Rettung erscheint in Gestalt des Sohnes des guten Königs, des rechtmäßigen Thronfolgers. Er ist es, der – oft nach einer Phase der Vorbereitung in aller Stille – den Kampf mit dem Bösen aufnimmt.

Der ältesten Version dieses Themas begegnen wir in der ägyptischen Mythologie. Hier sind es die Götter Seth und Osiris, die um die Macht kämpfen. Osiris wird von seinem Bruder Seth ermordet, und seine Leiche wird zerstückelt in den Nil geworfen.

Der Göttin Isis, Osiris' Frau, gelingt es, die Teile zusammenzutragen und ihm neues Leben einzuhauchen. Aber Osiris entschließt sich, im Totenreich zu bleiben und die Herrschaft über die Oberwelt seinem Sohn Horus zu überlassen. Nach langem Kampf besiegt dieser Seth.[20]

Um den gleichen Streit zwischen Königsbrüdern geht es in der Geschichte von Robin Hood.[21] Während der Abwesenheit von König Richard, der sich auf einem Kreuzzug nach Jerusalem befindet, nimmt sein Bruder John den Platz auf dem Thron ein. Er entpuppt sich als machtgieriger und herrschsüchtiger Tyrann und entwirft einen Plan, um seinen Bruder Richard endgültig aus dem Weg zu schaffen. Robin Hood vereitelt seine Pläne, bis König Richard (Löwenherz) zurückkehrt und seinen rechtmäßigen Platz auf dem Thron wieder einnehmen kann.

Eine andere Variation desselben Motivs, die sich in diesem Fall in ferner Zukunft ereignet, lernen wir in der *Star Wars*-Trilogie von George Lucas kennen. Hier ist es Luke Skywalker, der den Streit mit Darth Vader anfängt. Die Archetypen vom guten und schlechten König sind dieses Mal in einer einzigen Person vereinigt, dem Vater von Luke. Darth Vader war einmal ein »Jedi-Ritter«, ein spiritueller Krieger, der von Obi Wan Kenobi ausgebildet wurde. Er konnte der Macht des Bösen jedoch nicht widerstehen und stellte sich auf die Seite des Imperators. Mit der Hilfe Obi Wan Kenobis, der die Rolle eines spirituellen Vaters oder Mentors spielt, weiß Luke seinen Vater und den Imperator zu besiegen. Er tötet seinen Vater aber nicht, sondern es gelingt ihm, ihn auf die Seite des Guten zurückzubringen.

Die neueste Variation dieses Themas ist wiederum eine Geschichte, die sich großer Popularität erfreut. Im Walt-Disney-Film *Der König der Löwen* tötet der böse Scar seinen Bruder Mufasa, den König der Tiere. Genauso wie Horus im Osiris-Mythos ist es hier der Sohn des guten Königs, Simba, der den Kampf gegen Scar aufnimmt und den bösen König vom Thron stößt.

Der Schattenkönig des deutschen Volkes wird (in diesem Jahrhundert) durch Hitler personifiziert. In seinem menschenverachtenden Willen zur Macht entwickelte er sich zu einem Tyrannen, der alles zerstörte. Er war das Beispiel für einen dunklen König, mit dem viele deutsche Männer in ihrem Inneren immer noch abzurechnen haben. Durch Hitler sind männliche Kraft und Autorität mit einem derartig großen Makel behaftet, daß es für viele deutsche Männer schwierig sein wird, eine gesunde Vorstellung von Männlichkeit und Führung zu entwickeln, ohne von den Schatten der Vergangenheit eingeholt zu werden. Jeder muß schließlich die Reise in sein Inneres antreten, um klar zwischen der dunklen und der guten Seite in sich unterscheiden zu können.

Die Abwesenheit des Vaters

Die zwei Königsbrüder können wir als die beiden Seiten ein und derselben Seele betrachten, in diesem Fall die dunkle und die helle oder gute Seite des Vaters. Das Gute im Vater ist verkümmert, was bleibt, ist die finstere Seite der Psyche. Der Sohn wird mit diesem dunklen Bild des Vaters konfrontiert und macht sich auf die Suche nach dem positiven Bild. Ihm fehlt sein wirklicher Vater.

Wenn wir diese Situation in die heutige Welt übertragen, sehen wir, daß die meisten Söhne ihren wirklichen Vater überhaupt nicht kennen. Der Sohn entwirft anhand der Bemerkungen oder Vorstellungen seiner Mutter, die nicht immer nur positiv sind, ein Bild seines Vaters. Hamlet erscheint der Geist seines toten Vaters in der Nacht. In dieser Szene wird der Sohn aufgefordert, sich auf die Suche nach dem fehlenden Bild des Vaters zu begeben. Die Bedeutung dieser Vision ist die Erinnerung an den wahren Vater, an die verlorengegangene positive Energie. Jeder Sohn muß den Kampf mit den dunklen Seiten seines Vaters aufnehmen, um sich an dessen abgestorbenen guten Teil erinnern zu können.

Heutzutage fällt auf, daß Väter im Leben ihrer Söhne häufig abwesend sind. Sie sitzen im Büro, kommen abends spät nach Hause und überlassen die Erziehung der Kinder fast ausschließlich der Mutter. Meistens besteht das Problem des Vaters jedoch nicht darin, daß er *körperlich*, sondern daß er *emotional* abwesend ist. Er weiß nicht, wie er Kontakt aufnehmen könnte. Er hat sich aus dem Familienleben zurückgezogen und in der Arbeit, der Zeitung, im Sport und im Gasthaus Zuflucht gesucht. Bei der Arbeit ist er jemand, und dort zählt, was er macht, nicht wer er ist. Als Vater und als Mann hat er oft sein Selbstwertgefühl verloren und sich mit diesem Verlust abgefunden. Genauso wie sein Sohn jetzt, hat er in der Vergangenheit seinen Vater entbehren müssen und verzweifelt nach festem Boden gesucht, auf dem er stehen konnte. Er wurde entweder zum einsamen Kämpfer für die wenigen Ideale, an denen er sich krampfhaft festhält, oder er ist besiegt und verstummt.

Der Sohn schreit innerlich nach einem Lebenszeichen. Der Sohn wird sich, erschreckt durch die Abwesenheit und Seelenlosigkeit des Vaters in einer sehr frühen Phase seines Lebens, fragen: Was ist mit meinem Vater geschehen? Wo ist er? Was ist passiert, daß er so unnahbar ist, so aggressiv und dominant oder so passiv und gelähmt? Warum ist er nicht er selbst, sondern versteckt sich hinter Masken?

Ohne Kontakt zu dem positiven Vaterbild ist er verloren. Der Vater ist sein erstes männliches Vorbild, und um ein Mann werden zu können, muß er eine Verbindung zu seinem Vater herstellen. Aber wenn sein Vater abwesend ist, hat der Sohn nichts, woran er sich orientieren könnte. Um das Trapez seiner Mutter loslassen und zum Trapez des Vaters hinüberspringen zu können, bedarf er der ausgestreckten Hand des Vaters. Wenn er nicht springt, wird er in einer Mischung aus Abhängigkeit und Abneigung für den Rest seines Lebens am Trapez seiner Mutter hängenbleiben: er bleibt ein Muttersöhnchen und wächst nicht zum Mann heran. In jeder Beziehung wird er das Muster von Mutter und Sohn wiederholen.

Der verlorene Sohn

Hamlet ist der Prototyp des verlorenen Sohnes. Er steckt voller Zweifel, will sich rächen, scheut aber den offenen Kampf. Anstatt den Kampf außerhalb von sich mit seinem Onkel auszutragen, wird er von seinen inneren Regungen überwältigt und scheint daran fast zu zerbrechen.

> *Bin ich 'ne Memme? Wer nennt mich Schelm? [...]*
> *Ha, welch ein Esel bin ich! Trefflich, brav,*
> *Daß ich, der Sohn von einem teuren Vater,*
> *Der mir ermordet ward, von Höll' und Himmel*
> *Zur Rache angespornt, mit Worten nur,*
> *Wie eine Hure muß mein Herz entladen*
> *Und mich aufs Fluchen legen wie ein Weibsbild,*
> *Wie eine Küchenmagd!*
> *Pfui drüber!*[22]

Hier sehen wir einen intelligenten Mann mit vielen Fähigkeiten, der sich seiner Sache einerseits sehr sicher ist, auf der anderen Seite aber stark zweifelt. Er zeigt die verwirrte Einstellung des verlorenen Sohnes, dem die Standfestigkeit und das Rückgrat seines Vaters fehlen, der an seinen Gefühlen und Überlegungen zerbricht und den Sprung zur Tat nicht schafft.

Im täglichen Leben gibt es zahlreiche Beispiele für verlorene Söhne.

Da ist z.B. der Sohn, der das Versagen seines Vaters und die offene oder unterschwellige Kritik der Mutter dadurch wiedergutzumachen versucht, daß er die Erfolgsleiter erklimmt, in der Hoffnung, in Geld und Ruhm sein Heil zu finden. Er verausgabt sich völlig bei der Arbeit, bemüht sich um Ordnung und Perfektion, um über sein inneres Chaos und seinen Schmerz hinwegzutäuschen, wird schließlich krank oder ist gestreßt und hat spätestens mit 40 vergessen, weshalb er sich überhaupt auf den Weg gemacht hat. Als er in einsamer Höhe angekommen ist, zerbricht die Leiter, und der Sturz ist tief und schmerzhaft: Seine Frau läuft ihm weg, seine Kinder wollen nichts mehr mit ihm zu tun haben, und mit seiner Gesundheit geht es bergab.

Den gleichen Weg schlägt der junge, naive Ikarus ein: Er fliegt immer höher zur Sonne, wo seine wächsernen Flügel schmelzen, stürzt ins Meer und ertrinkt. Das Meer ist sein Tod, aber der kommt manchmal auch in Gestalt einer tiefen Depression, einer Art Scheintot.

Andere Söhne sehen ihren Weg nicht darin, immer höher zu streben, sondern begeben sich gezielt hinab in die Unterwelt. Sie haben gesehen, wie die Welt der Arbeit und des Erfolgs ihren Vater gebrochen hat, und wollen damit nichts zu tun haben. Sie sperren sich gegen Äußerlichkeiten, Geld und Macht und schmücken sich mit den Farben der Unterwelt. Sie tragen schwarze Kleider, schmücken sich mit Totenköpfen, Ketten und Nasenringen und spielen »teuflische« Musik. Sie tun alles, um nicht wie ihr Vater zu werden, und versuchen, seine Fehlschläge zu vermeiden; aber auch sie scheitern schließlich. Sie werden alkohol- oder drogenabhängig und bleiben in der Unterwelt hängen.

Viele Neonazis sind keine Neonazis, weil sie gegen Juden wären, sondern weil sie verlorene Söhne sind, die sich gegen ihre Mütter wehren und nach dem fehlenden Teil ihres Vaters suchen. Sie sehen, daß ihr Vater ein bürgerlicher, bürokratischer, langweiliger Mann geworden ist, und fragen sich, wo sein Mumm und seine natürliche Autorität geblieben sind. Seine Machtlosigkeit in der Familie und in der Welt wollen sie dadurch ausgleichen, daß sie sich selbst stark, mächtig und aggressiv verhalten und den Gegner überwältigen. Ihr innerer Kampf ist zu einem äußeren geworden. Sie sind in den Einflußbereich des Schattenkriegers gelangt und werden bis zum letzten kämpfen, weil ihr Leben davon abhängt. Ihr Verlangen nach dem Vater ist zu Haß deformiert, Haß gegenüber anderen, aber vielleicht am meisten noch Haß auf sich selbst. Das ist der Ikarus, der niemals in der Lage war, aus dem Labyrinth herauszufliegen, und der beschließt, den Kampf mit dem Minotaurus, dem Ungeheuer, aufzunehmen.

Der verlorene Sohn ist auch der Macho, der sich einer Pseudo-Männlichkeit bedient, um seine Unsicherheit und Angst zu verbergen. Er denkt, daß ihn die Fassade von Macht, Kontrolle und Entschlossenheit, die er bei anderen Männern sieht, zu einem Mann machen wird, aber er sieht nicht, daß sich hinter dem Auftreten der anderen eine ebenso große Unsicherheit verbirgt.

Der Softie scheint äußerlich das Gegenteil eines Machos zu sein, aber auch ihm fehlt die männliche Grundlage, auf der er stehen könnte. In seiner Unsicherheit bezüglich seines eigenen männlichen Verhaltens hält er sich krampfhaft an einem (zu) weiblichen Bild fest. Es ist der Mann, der Liebe und Aufmerksamkeit bei Frauen sucht und sich von der Männerwelt fernhält. Das ist der Künstler, der seine Haare lang wachsen läßt und sich gegen Autorität und Befehlsgewalt wehrt. Das ist der Mann, der sich in andere einfühlen kann, aber nicht mehr weiß, was er selbst will. Er ist zu weich. Er wird von seinen Gefühlen beherrscht und kann nicht mehr die Kraft aufbringen, für sich selbst einzustehen und zu tun, was getan werden muß. Er geht von Therapie zu Therapie oder von Workshop zu Workshop, um in der Welt seiner Gefühle immer tiefer zu graben. Der Schritt nach außen, in die Welt hinein, um seine Aufgabe im Leben anzugehen, wird ihm schwerfallen. Ein verlorener Sohn wird sich fragen, was an ihm selbst falsch ist. Er wird ständig an sich selbst zweifeln und den Kampf mit der Außenwelt nicht aufnehmen.

Den verlorenen Sohn finden wir auch bei Homosexuellen. Da ist die Kluft zwischen Vater und Sohn vielleicht noch größer, weil der Vater nicht nur abwesend ist, sondern den Sohn in den meisten Fällen auch ablehnen wird. Anstatt den Sohn so, wie er ist, zu akzeptieren, verleugnet er ihn und verbannt ihn in die Einsamkeit. Bei Homosexualität wird aus psychologischer Perspektive häufig auf die Rolle einer dominanten Mutter verwiesen, aber vielleicht spielt das unbewußte Verlangen nach dem Vater eine noch größere Rolle.[23] Es ist das tiefe Bedürfnis nach körperlichem und emotionalem Kontakt mit dem Vater, durch den der Sohn eine Vorstellung von seiner eigenen Männlichkeit erhält und sie anerkennt. Dieses unbewußte Verlangen nach Intimität mit dem Vater äußert sich in sexuellem Verlangen nach Männern. Für homosexuelle Männer ist es oft besonders schwierig, eine gesunde Beziehung zu ihrer Männlichkeit aufzubauen. Männlichkeit verblaßt zu Tuntenhaftigkeit oder wird zu extremem Machogehabe überzogen, mit Lederkleidung und Peitschen. Von der Männerwelt abgewiesen, haben sie sich ihre eigene Welt geschaffen. Die Abwesenheit und Zurückweisung des Vaters spiegelt sich in der Welt der Schwulen oft in dem Unvermögen wider, dauerhafte intime Beziehungen einzugehen. Sex wird auf unpersönliche Weise in Nachtklubs oder auf Parkplätzen erlebt.

Der Kampf zwischen Ego und Selbst

Den Kampf mit dem Vater symbolisiert schließlich der innere Kampf zwischen dem Ego und dem Selbst. Entscheiden wir uns für Macht oder Kraft, für Wahrheit oder Betrug, für Integrität oder Heuchelei. Beide Seiten spiegelt der Vater wider, sie sind aber in jedem von uns vorhanden. Bei dem Kampf, den der Krieger führt, geht es um die Wahl zwischen den beiden Seiten der Seele. Stellt der Krieger seine Macht in den Dienst des Sonnenkönigs oder des Schattenkönigs?

Macht ist für sich betrachtet neutral. Sie ist eine starke Energie, die sowohl zum Guten als auch zum Bösen eingesetzt werden kann. Macht kann im Dienst des Herzens stehen und dann positiv angewendet werden, oder sie steht im Dienst des Ego und wird zum Negativen benutzt.

Das Streben nach Macht resultiert aus der Ohnmacht, die wir oft als Kinder erfahren haben. Unsere persönliche Macht und Autorität wurde uns genommen, denn wir mußten gehorchen, und den Rest unseres Lebens sind wir wohl oder übel damit beschäftigt, diese Macht zurückzuerobern. In einer Beziehung oder Ehe ist dieser Machtkampf oft ein unüberwindbares Hindernis für ein wirkliches Zueinanderfinden. Wir zwingen dem anderen unsere Meinung auf, manipulieren den anderen, indem wir ihm Sex oder Geld vorenthalten (oder gerade geben), aber zu wirklicher Liebe kommen wir nicht. Wir führen einen Kampf zwischen den Geschlechtern, einen scheinbar nicht enden wollenden Kampf. Es ist ein langer Weg, zu lernen, wie man Macht gut einsetzt und nicht mißbraucht.

Wenn Macht richtig angewendet wird und die Dualität zwischen Gut und Böse überwunden ist, ist sie eine kräftige, heilsame Energie. Sie ist der Brennstoff für das Herz, das ohne Macht zwar lieb und offen ist, aber ohne Kraft und Wirkung. Die Verbindung zwischen Liebe und Macht, dem vierten und dem dritten Chakra, ist von zentraler Bedeutung. Die Macht steht dabei im Dienst des Herzens, so, wie der Krieger im Dienst des Königs steht. Positiv eingesetzte Macht ist nötig, um andere und uns zu schützen und um Grenzen zu setzen. Wir brauchen die Kraft, damit wir uns trauen, gegen das anzugehen, was nicht in Ordnung ist: gegen den Chef, der seine Macht mißbraucht, gegen den Partner, der uns zu manipulieren versucht, gegen ein Kind, das seine Grenzen überschreitet, oder gegen ein Volk oder einen Glauben, der »es übertreibt«. Nichts zu tun wäre in allen diesen Fällen schändlich.

Oft lebt ein Mann seine Machtgier außerhalb des eigenen Hauses aus, bei der Arbeit, beim Sport, bei den Hobbys oder in der Politik, und ist in der häuslichen Welt machtlos. Die Kinder werden von der Mutter erzogen, und er liefert seinen Lohn für den Haushalt ab. Wenn er den Kampf um die Macht in der Öffentlichkeit verliert, müssen seine Frau, die Kinder oder der Hund dafür büßen. Er lebt seine Ohnmacht über Aggressionen aus oder wird still und zieht sich in sich zurück.

Es bleibt uns nicht erspart, den richtigen Umgang mit der Macht zu erlernen, denn der Macht auszuweichen ist auch eine Form des Mißbrauchs. Die Macht der Ohnmacht ist vielleicht sogar stärker als jede andere Macht. Diese Macht ist versteckt, vermummt und unbewußt, aber deswegen ist ihre Wirkung nicht geringer. Gerade die Unbewußtheit der Macht bewirkt, daß wir sie falsch einsetzen. Wer kennt nicht den Vater, der in seiner vermeintlichen Ohnmacht seine Frau und seine Kinder terrorisiert, oder den Vater, der in seiner Passivität jeden Lebensimpuls seiner Familie zerstört? Oder die Frau, die immer das Opfer ist und von jedem in ihrer Umgebung Mitgefühl und Verständnis erzwingt. Es gäbe noch viele weitere derartige Beispiele für die Macht der Ohnmacht.

Die Energie des Kriegers gehört zu den vergiftetsten Aspekten unserer Gesellschaft. Wir verabscheuen alles, was mit Gewalt zu tun hat, und gleichzeitig werden wir von ihr förmlich überspült. Wir haben das Gefühl für den richtigen, ausgewogenen Einsatz von Macht und Aggression verloren. Wir werden nicht umhinkönnen, sehr genau bei uns selbst zu schauen, wie wir Macht gebrauchen oder mißbrauchen. Erst wenn wir die Macht kennen, werden wir wissen, wie wir mit ihr umgehen müssen.

Die Macht der Mutter

Der Geist von Hamlets Vater berichtet auch, Claudius stecke mit Gertrude, Hamlets Mutter, unter einer Decke. Aber er warnt den Sohn vor der Versuchung, einen Streit mit der Mutter anzufangen und sie für ihren Verrat büßen zu lassen. Er bittet Hamlet, sich an seinem Onkel zu rächen und seine Mutter unbehelligt zu lassen.

> *Doch, wie du immer diese That betreibst,*
> *Befleck' dein Herz nicht; dein Gemüt ersinne*
> *Nichts gegen deine Mutter; überlaß sie*
> *dem Himmel und den Dornen, die im Busen*
> *Ihr stechend wohnen.*[24]

Die Versuchung, die Mutter zu beschuldigen, ist groß, aber für einen Sohn ist die Suche nach dem Vater wichtiger als ein Streit mit der Mutter. Die Auseinandersetzung mit der Mutter bietet sich gewissermaßen an; *sie* ist diejenige, die den Sohn großzieht, die in der Kindheit meistens anwesend ist, und zwar oft in einer dominierenden Rolle.

Auch in Therapien scheint sich die Aufmerksamkeit oft auf den Loslösungsprozeß von der Mutter zu konzentrieren, statt auf die Suche nach dem Vater. Aber um den Schritt vom Sohn zum Mann zu machen, muß der Sohn den Kampf mit der dunklen Seite seines Vaters aufnehmen. Nicht indem er seine Mutter büßen läßt, sondern indem er Verbindung zu seinem Vater aufnimmt, wird er seine eigene Kraft finden. Der Sohn wird sich zwar auch die dunkle Seite der Seele seiner Mutter bewußtmachen müssen; das ist der erste Schritt, um seine Naivität abzustreifen. Wenn er weiterhin am guten Bild von seiner Mutter festhält, wird er sie um Rat fragen und bei ihr Schutz suchen. Aber ihre dunkle Seite wird ihn beschwichtigen und sagen, daß er nicht überall Probleme sehen soll. Sie wird ihm raten, nicht weiter nach seinem Vater zu suchen und sich mit dem Status quo zufriedenzugeben.

Wirf, guter Hamlet, ab die nächt'ge Farbe
Und laß dein Aug' als Freund auf Dänmark sehn.
Such' nicht beständig mit gesenkten Wimpern
Nach deinem edlen Vater in dem Staub.[25]

Genauso wie der Vater hat auch jede Mutter eine dunkle und eine helle Seite. Die gute Mutter ist diejenige, die einen großen Teil ihres Lebens für ihre Kinder opfert. Sie ist Lebensschenkerin, Amme, die helfende Mutter, die Frau, die immer da ist, unseren Hunger zu stillen, unsere Schmerzen zu lindern, uns zu trösten und mit uns zu spielen. Aber wir haben noch keine Ahnung von der Kehrseite ihrer Psyche: Sie kann auch die erstickende Mutter sein, die negative, mißbrauchende Mutter, diejenige, die ihre Kinder mit ihren Sorgen erdrückt und sie festzuhalten versucht, auch wenn sie längst erwachsen sind.

Eine mißbrauchende Mutter wird ihre eigene Unsicherheit und unerfüllten Wünsche auf ihre Söhne projizieren. Alles, was sie nicht von ihrem Mann bekommen hat, wird sie freundlich, aber bestimmt von ihrem Sohn einfordern. Sie wird ihn besitzen wollen, in Märchen-Begriffen gesprochen: ihn aufessen wollen.

Sie wird auf alle möglichen Arten versuchen, ihren Sohn klein zu halten, denn wenn er erwachsen und emotional unabhängig wäre, wäre er nicht mehr ihr lieber kleiner Junge.

So wie Männer dazu neigen, ihre eigene Unsicherheit durch physischen Mißbrauch wie Gewalt oder Vergewaltigung auszuleben, so werden Frauen ihre Unsicherheit eher durch emotionalen Mißbrauch zum Ausdruck bringen. Ein vernichtender Blick in die Richtung des Sohnes reicht, um ihn zusammensinken zu lassen. Etwas, was er getan hat, hat ihren Zorn hervorgerufen, und das soll er auch spüren. Sie läßt ihn nicht *wissen*, was nicht in Ordnung ist, sie läßt es ihn *fühlen*. Sie sagt ihm nicht direkt ins Gesicht, daß sie nicht gut findet, was er macht. Höchstwahrscheinlich wird sie ihn fragen, warum er das, was sie so erbost hat, gemacht hat. »Warum tust du deiner Mutter das an? Warum machst du mich unglücklich? Bist du denn nicht mehr mein lieber kleiner Junge?« Nein. Der Sohn hat es (was auch immer es war) nicht mit der Absicht getan, sie unglücklich zu machen. Er tat es aus persönlichen Gründen; um Spaß zu haben, um seine Grenzen kennenzulernen oder dergleichen mehr. Aber die Mutter faßt es als treulose Handlung ihr gegenüber auf. Sie denkt, unterstützt durch ihre eigene Unsicherheit, daß ihr Sohn sie verlassen will. Und aus Frustration spricht sie ihren Sohn schließlich mit dem vernichtenden Urteil schuldig: »Du bist schon ganz wie dein Vater.«

»In der Umgebung einer Frau, die mit sich selbst in der richtigen Beziehung steht, weil sie etwas hat von der Göttlichen Mutter, die das Korn wachsen läßt, blühen die Menschen. Wenn aber ihre Beziehung zu ihrem eigenen inneren Wesen nicht stimmt, geht von ihr etwas aus von der tödlichen Wirkung der Hekate – es bringt einen Todeshauch über ihre Umgebung«, schreibt Marie Luise von Franz in *Das Weibliche im Märchen*.[26]

Maria Advaita Bach, eine deutsche Therapeutin, beschreibt, wie sie die Mutter-Sohn-Problematik bei ihren Klienten erlebt: »Das allgemeine Bild sieht folgendermaßen aus: Der Sohn ist erwachsen, in den Vierzigern. Die Mutter wird noch einige Jahrzehnte leben. Wenn sie außer Mann und Kindern keinen Lebensinhalt hat, wohin soll sie dann mit ihrer Energie? Während sich der Mann zu der Zeit, in der die Kinder das Haus verlassen, zumeist auf dem Höhepunkt seiner Karriere befindet, steht sie vor einer gähnenden Leere. Das einzige, was ihr bleibt, ist ihr Einfluß auf die Kinder, vor allem auf die Söhne, die als Erwachsene auch die Machtwelt der Männer repräsentieren. Solange sie ihre Macht über ihren Sohn noch spürt, hat sie noch einen Fuß in der Tür, hat sie noch etwas zu sagen in einer Welt, die ihr vorenthalten wurde. Ihr Machtanspruch ist oft als mütterliche Sorge verkleidet. Während den Vätern immer ihre ›Abwesenheit‹ vorgeworfen wird, gilt für die Mütter das Gegenteil: Sie sind immer da. Leben spenden, nähren und schützen gehen oft nahtlos über in beherrschen, manipulieren und benutzen – auch sexuell.«[27] Die Grenze zwischen Bemuttern und sexuellem Mißbrauch ist manchmal sehr dünn, besonders in den Fällen, in denen der Vater körperlich oder emotional abwesend ist. Der »kleine Mann« wird schnell zum Gegenstand fehlender Aufmerksamkeit und Liebe; er wird zum Ersatz für den Vater.

Was die Frau tun muß, ist ihre Sicherheit bei sich selbst suchen. Sie wird sich die unerfüllte Beziehung zu ihrem Mann und höchstwahrscheinlich zu ihrem Vater anschauen müssen, um Klarheit über ihre unerfüllten Bedürfnisse zu erlangen. Und vielleicht noch wichtiger: Sie wird Verbindung aufnehmen müssen zu ihrer inneren und/oder äußeren Mutter, um ihre Wurzeln zu finden; einen weiblichen Grund, auf dem sie stehen kann, der nährt und unterstützt und von dem aus sie für ihr eigenes Glück, die Erfüllung ihres Lebens, ihre Sexualität niemand anders mehr benötigt. Im Inneren wartet die Göttin, bereit zu helfen und der Frau alles zu geben, was sie braucht, auch sexuelle Freude und Erfüllung.[28]

Es ist wichtig, daß ein Mann in erster Linie die dunkle Seite seiner Mutter erkennt. Solange er das nicht tut, wird er an einem liebenden, fürsorglichen, aber einseitigen Mutterbild festhalten. Er wird sich, nach Wärme und Liebe lechzend, in die Arme seiner Mutter und später seiner Frau stürzen, ohne die vernichtende Kraft zu erkennen, die in ihnen schlummert.

So wird er immer der kleine Junge bleiben, der sich für die männliche Kraft entschuldigt, die in ihm nach außen drängt und einen endgültigen Bruch mit der Mutter bedeuten würde.

Er wird sich immer rechtfertigen wollen, gegenüber seiner Frau oder seiner Freundin, am Arbeitsplatz und in der Gemeinschaft. Aber wie hart er auch arbeitet, wieviel Geld er auch verdient, wie umweltbewußt, einfühlsam, frauenfreundlich, feurig oder charmant er auch sei, er tanzt weiterhin wie eine Marionette nach der Pfeife seiner Mutter. Unbewußt dreht sich das ganze Leben um die Anerkennung von Mami oder gerade um den Widerstand gegen ihre Forderungen. Die emotionale Nabelschnur, die den Sohn mit der Mutter verbindet, ist nicht durchgetrennt, die Verbindung besteht unvermindert weiter. Oft geht dies mit einer Blockade im Bauchbereich einher, Ausdruck des Unvermögens, die eigene männliche Energie auszuleben und Grenzen zu setzen. Solche Söhne haben die größten Schwierigkeiten, ein gesundes Selbstwertgefühl zu entwickeln und, sei es finanziell, sei es emotional, auf eigenen Beinen zu stehen. Der Bruch, der in der Pubertät hätte stattfinden sollen, wird zu einem langen und zähen Kampf zweier in symbiotischer Abhängigkeit miteinander verwachsener Individuen.

Es ist kein einfacher Schritt, hier herauszukommen, denn das innere Kind denkt, daß es zwangsläufig sterben wird, wenn es die Mutter verläßt. Es wird mit einer gähnenden Leere konfrontiert, dem großen Nichts. Der Schritt vom Jungen zum erwachsenen Mann wurde in früheren Zeiten durch die älteren Männer des Stammes herbeigeführt. Sie waren es, die den Jungen von der Mutter wegholen und ihm dafür etwas Neues geben konnten: die Unterstützung und Fürsorge innerhalb eines männlichen Bezugsrahmens. Dieser Übergang von der weiblichen zur männlichen Welt ist ein wesentlicher Schritt zur völligen Selbständigkeit und eigenen Autorität. Er ist eine Übergangsphase, die in unserer Kultur kaum noch bewußt durchlebt wird. Viele Jugendliche führen den Bruch mit ihrer Mutter selbst herbei, indem sie sich allem, was »sich gehört«, widersetzen; indem sie sich häßlich machen, indem sie Drogen nehmen und zu Housepartys gehen, indem sie sich rassistisch oder gewalttätig verhalten, kurz, indem sie alles tun, was ihre Mutter mit Sicherheit schrecklich findet. Aber solange kein sicherer Hafen am anderen Ende dieses Ablösungsprozesses wartet, werden Jungen und Männer ziellos umherirren und sich ständig widersetzen, anstatt Verantwortung für sich zu übernehmen.

Vom Kampf zur Fürsorge

Hamlets einziger treuer Freund ist Horatio. Mit seinem Humor und seinem Vertrauen ist er eine große Stütze für Hamlet, der mit der Welt und mit sich ringt.

In vielen Heldengeschichten taucht die Figur des Vertrauten oder Busenfreunds auf, oft in Gestalt eines komischen Duos. In *Der König der Löwen* sind es das Warzenschwein Pumba und das Erdmännchen Timon, die Simba seine Sorgen vergessen lassen. Sie retten ihn aus Todesgefahr und werden seine treuen Gefolgsleute. Auch als er den entscheidenden Kampf mit Scar beginnt, eilen sie ihm zu Hilfe.

Im *Krieg der Sterne* werden diese Rollen durch zwei Roboter verkörpert: 3PO und R2D2, ein komisches Gespann, das manchmal eher eine Last als eine Hilfe darzustellen scheint, das aber in entscheidenden Augenblicken doch eine wichtige Rolle im Kampf gegen Darth Vader und das Imperium spielt. Im mythologischen Märchen *Willow* sind es zwei winzig kleine Männchen, die den Helden der Geschichte, den Zwerg Willow, auf seinem Weg begleiten. Sie streiten ständig miteinander und sind sich niemals einig, sorgen aber für eine gewisse zärtliche Stimmung und Freude. Dasselbe gilt für Frodos treue Freunde in Tolkiens *Der Herr der Ringe*. Sam Gamdschie, Pippin und Merry sind entschlossen, nicht von Frodos Seite zu weichen, auch wenn sein Weg zum »Schicksalsberg« und in das finstere Land Mordor führt, wo der Gegner haust.

Von allen diesen Freunden hat keiner irgend etwas Böses im Sinn. Sie gehen mit dem Helden durch dick und dünn, auch wenn sie es manchmal nur widerwillig tun oder sich dafür in lebensgefährliche Situationen begeben müssen. Sie haben es weder auf Ehre oder Ruhm, noch auf Geld oder Macht abgesehen. Sie genießen das Leben und nehmen alles so, wie es kommt. »Hakuna matata« ist das Motto von Pumba und Timon, was soviel bedeutet wie: »Sorg dich nicht und hab Spaß!«

Für einen Mann sind Freunde lebenswichtig. Sie können ihn dabei unterstützen, schwierige Zeiten durchzustehen, sie können ihn zum Lachen bringen und ihm bei Gelegenheit helfen, die Dinge nicht so verbissen zu sehen. Sie können ihm Feedback geben und ihm sagen, was Sache ist, ohne daß die Freundschaft darunter zu leiden braucht. Ohne Freunde vereinsamt ein Mann. Er zieht sich zurück, tut so, als ob er niemanden mehr bräuchte und führt endlose Selbstgespräche. Er entfremdet sich anderen und sich selbst. Er mißtraut anderen Männern und wagt es nicht, sich eine Blöße zu geben.

Oft haben wir gelernt, andere Männer vor allem als Konkurrenten zu sehen, als Gegner statt als Schicksalsgenossen oder Brüder. Wir tragen den Kampf auf vielen verschiedenen Ebenen aus, aber auf die eine oder andere Weise versuchen Männer ständig sich gegenseitig den Rang abzulaufen: durch besondere Witzigkeit, Kompetenz oder Klugheit, durch allerlei Statussymbole, durch Leistung, durch Einfluß, Beziehungen, Geld oder was auch immer. Wir tun das alles, weil wir Angst davor haben, anderen zu vertrauen, und um den Mangel an Fürsorge und Brüderlichkeit und das Bedürfnis nach Vertrautheit mit anderen Männern zu vertuschen. Wir kommen nicht weiter als bis zum Klaps auf die Schulter, aber das Verlangen nach »zwischenmännlicher« Nähe ist viel größer.

Indem er erlebt, wie andere Männer an ihm Anteil nehmen, lernt der Mann, für sich selbst zu sorgen, sich selbst um seine emotionalen Bedürfnisse zu kümmern. Das Kind im Mann übergibt die Sorgen seiner Mutter. Sie muß für ihn sorgen, ihm Aufmerksamkeit schenken, seine Probleme anhören, seine Bedürfnisse befriedigen, emotional, sexuell, intellektuell. Das Kind fordert, daß man sich um es kümmert, und wenn das nicht geschieht, wird es unleidlich und fängt an, um sich zu schlagen, zu jammern und Druck auszuüben. Im späteren Leben wird die Mutter auf die Partnerin projiziert, die für ihren Mann sorgen muß.

Erst wenn der Mann anfängt, selbst Verantwortung für seine Bedürfnisse zu übernehmen, ist er in der Lage, sich von seiner Mutter zu lösen. Er muß dazu eine Verbindung zu seinem inneren Kind aufbauen, auf es hören, ihm Aufmerksamkeit schenken usw. Das innere Kind muß wissen, daß es umsorgt wird, daß es wahrgenommen wird und daß seine Bedürfnisse respektiert werden.

Erst wenn ein Mann für sein inneres Kind sorgen kann, wird er wirklich erwachsen. Die Verantwortung, die er für sich selbst übernimmt, kann sich dann auf seine Partnerin, seine Familie und die Welt, in der er lebt, übertragen. Er *bittet* nicht mehr – bewußt oder unbewußt – um Aufmerksamkeit, sondern kann Aufmerksamkeit *schenken*; er braucht die Welt nicht mehr zu kontrollieren, so daß sie seine Wünsche erfüllt, sondern kann ihr dienen und sie mit seiner Kreativität und Kraft nähren.

Eine wichtige Aufgabe für Männer besteht darin, eine männliche Welt, in der Fürsorge und Brüderlichkeit und nicht Konkurrenz und Mißtrauen wieder die Grundlage bilden, aufs neue Wirklichkeit werden zu lassen, eine Welt, die Männern Kraft gibt, anstatt sie zu entkräften, in der Verbundenheit vorherrscht statt Gleichgültigkeit, in der Männer sich wahrgenommen und unterstützt fühlen, so daß Schuld zu Stolz wird, Angst zu Mut und Unverbindlichkeit zu Verantwortung.

Im Dienst des Königs

Erst am Ende der Tragödie nimmt Hamlet den Kampf auf. Aber er gewinnt nicht und verliert auch nicht. Sein Onkel wird getötet, seine Mutter ebenfalls, aber auch Hamlet selbst kommt ums Leben. Wie sein Vater wird er vergiftet, in diesem Fall durch Gift an der Spitze des Schwertes.

Weshalb stirbt er, anstatt zu siegen und den Thron zu besteigen, wie wir es in anderen Geschichten beobachten, wie im

König der Löwen, im *Krieg der Sterne* und im Osiris-Mythos? Einer der Unterschiede zwischen Hamlet und den anderen Helden ist der Umstand, daß Hamlet ein Mentor fehlt, ein spiritueller Vater, ein Initiator wie Obi Wan Kenobi, der den jungen Helden bei seinem Prozeß des Erwachsenwerdens begleitet. Ein alter Weiser, der ihm den Unterschied zwichen Kraft und Macht erklärt, der ihm hilft, sich von seinen Elternbildern zu lösen und der ihm beibringt, in seine Gefühle hinabzusteigen, wodurch er anschließend eine gewisse Distanz zu ihnen einnehmen kann. Nur indem er seine eigenen Gefühle und Gedanken kennt und letztlich beherrscht, wird ein Mann zum wahren Krieger. Er ist dann nicht länger Opfer seiner Gefühle und Gedanken. Er hat sie durchlebt und kann sie zielgerichtet einsetzen. Hamlet hat zu lange in Grübeleien und Zweifeln verharrt und konnte nicht tatkräftig auftreten. Er ertrinkt in seinen Gefühlen. Wenn ein Mann von seinen bewußten oder unbewußten Sehnsüchten, Trieben oder Gedanken beherrscht wird, ist er wie ein Schiff, das ohne Steuermann treibt. Er schaukelt umher und kommt nicht zur Tat. Er plätschert auf dem Strom des Lebens dahin, anstatt sein Schiff zu lenken. Erst wenn er seine Gefühle durchlebt hat und seine Gedankenmuster durch und durch kennt, ist er in der Lage, bewußt zu handeln und seinem Leben eine Richtung zu geben. Oft ist dafür ein Mentor nötig, ein alter Weiser, ein Eingeweihter oder Lehrmeister, der ihn durch die wilden Wogen und unbekannten Tiefen seines Unbewußten lotsen kann. Dann wird er entdecken, daß sein Ringen mit dem Leben oft nichts als eine Illusion ist und daß ihm die Einsicht und die Kraft fehlen, den wirklichen Kampf aufzunehmen. Bei diesem Kampf geht es darum, das Leben so zu leben, wie das Herz es einem eingibt. Ein wirklicher Krieger zu sein heißt, den Mut zu haben, auf sein Herz zu hören und dann entsprechend zu handeln. Damit bekommt die Krieger-Energie wieder den ihr zustehenden Platz. Der Krieger kämpft nicht für sich oder aus Spaß am Kampf; er tritt auf, wenn es nötig ist. Er steht im Dienst des Königs.

Schreiben Sie Ihrem Vater einen Brief. Schreiben Sie, was Sie von ihm halten und was er Ihnen bedeutet hat. Erzählen Sie ihm, was Sie an ihm schätzen (oder geschätzt haben, wenn er nicht mehr lebt) und was Sie an ihm ablehnen oder vielleicht sogar verabscheuen. Erzählen Sie ihm, wie es ist, sein Sohn zu sein, und sagen Sie ihm alles, was Sie ihm bisher nicht zu sagen gewagt haben. Zum Beispiel über seine Beziehung zu Ihrer Mutter oder wie er mit Sexualität umging. Erzählen Sie ihm, wie Sie sich als Junge gefühlt haben. Haben Sie sich beachtet und geschätzt gefühlt oder einsam und vielleicht abgelehnt, nicht gut genug? Wurden Sie wegen Ihrer Fähigkeiten gelobt oder nur ermuntert, bessere Leistungen zu zeigen? Oder hat jegliche Aufmerksamkeit gefehlt?

Versuchen Sie, zwei Situationen aus Ihrer Kindheit oder Jugend zu beschreiben: eine, in der Sie sich von Ihrem Vater am meisten im Stich gelassen fühlten, einen Moment, in dem Sie ihn gebraucht und vermißt haben oder in dem er Sie verletzt hat, es aber nicht gemerkt und Sie Ihrem Schicksal überlassen hat. Schreiben Sie ihm, wie Sie sich damals gefühlt haben, und erzählen Sie ihm alles, was Sie ihm in dem Moment vielleicht nicht zu sagen gewagt haben.

Beschreiben Sie eine zweite Situation, in der Sie gespürt haben, daß Ihr Vater sehr wohl für Sie da war, einen Moment, in dem Sie gefühlt haben, daß er stolz auf Sie war, daß er Sie liebte und dies auf die eine oder andere Weise gezeigt hat. Vielleicht war es nur eine kleine Geste, aber dennoch sichtbar.

Entscheiden Sie selbst, ob Sie diesen Brief abschicken wollen oder nicht. Denken Sie daran, daß es nicht darum geht, Ihren Vater zu verändern, sondern Ihre Beziehung zu ihm besser zu verstehen. Vielleicht ist der Brief der richtige Anlaß, einmal mit ihm zu sprechen, aber es kann auch sein, daß der Augenblick dafür gerade nicht günstig ist, weil er oder Sie es gerade nicht brauchen. Halten Sie sich vor Augen, daß er höchstwahrscheinlich mit den gleichen Problemen gerungen hat oder noch ringt wie Sie.

Man kann diese Übung auf eine schöne Weise abrunden, indem man den Brief eine Woche oder so lange, wie es nötig ist, aufbewahrt und ihn dann verbrennt. Sprechen Sie beim Verbrennen die Absicht aus, alle Negativität, die zwischen Ihnen und Ihrem Vater herrscht, zu spüren, zu begreifen und loszulassen.

Sprechen Sie eventuell mit jemand anders über den Brief, und scheuen Sie sich nicht, Ihren Gefühlen freien Lauf zu lassen. Es kostet sehr viel Energie, Gefühle wie Kummer oder Wut ein ganzes Leben lang mit sich herumzuschleppen.

4. Dionysos oder Die Kraft der Lust

> »Entzücken ist das Wesen der Welt und dasjenige, was uns
> dem göttlichen Zustand nahebringt.«   Alain Daniélou

Wir sind beim Kapitel über den Liebhaber angekommen. Das diesem Archetyp entsprechende Chakra steht für Emotionen und Gefühle, für Kreativität und Sexualität. In diesen Archetypus kann uns am besten Dionysos einweihen, der griechische Gott der Lust, der Liebe und der Ekstase. Er streifte mit einem Gefolge tanzender Nymphen, Silenen und Bacchantinnen im Land umher. Er ist der Gott des Weines. Im Altertum breitete sich sein ekstatischer, orgiastischer Kult mit rasender Geschwindigkeit aus. Dionysos gilt übrigens als der Schöpfer des Theaters, des rituellen Raums, in dem tiefe emotionale oder archetypische Prozesse dargestellt und verarbeitet werden können. Hier ist seine Geschichte:

Während eines seiner vielen Liebesabenteuer zeugt Zeus, der höchste der griechischen Götter, mit Semele, einer sterblichen Frau, ein Kind. Semele ist die Tochter der Königin und des Königs von Theben. Zeus' eifersüchtige Ehefrau Hera entdeckt das außereheliche Abenteuer ihres Mannes und sinnt auf Rache. Sie verleitet Semele dazu, ihren Liebhaber zu bitten, daß er sich in seiner ganzen Herrlichkeit zeige. Zeus, der versprochen hatte, jeden Wunsch seiner Geliebten zu erfüllen, hat keine Wahl. Er zeigt sich in seiner göttlichen Größe, von zuckenden Blitzen begleitet, wodurch Semele augenblicklich zu Asche verbrennt. Sie ist zu dem Zeitpunkt im siebten Monat schwanger, und Zeus kann im letzten Moment das Kind retten. Durch die Blitzstrahlen ist das unge-

borene Kind unsterblich geworden. Er näht den Fötus in seinen Oberschenkel und drei Monate später wird sein Sohn geboren: Dionysos.

Weil Heras Rachdurst noch lange nicht gestillt ist, gibt Zeus den jungen Gott vorsorglich dem Götterboten Hermes, der ihn auf die mythische Insel Nysa bringt. Dionysos wird als Mädchen verkleidet von den dort lebenden Nymphen großgezogen. Der alte, oft betrunkene Silenos, halb Mann, halb Pferd, weiht ihn in die Geheimnisse der Natur und des Weinmachens ein.

Als junger Mann reist Dionysos nach Ägypten, Kleinasien und Indien. Er sammelt ein großes Gefolge von Satyrn, Silenen und Bacchantinnen um sich. Überall, wo er hinkommt, unterweist er die Menschen in der Kunst, Wein zu machen, und vor allem Frauen geben sich den dionysischen Ritualen hin, die durch ekstatische Tänze, Musik, Alkoholgenuß und Sex gekennzeichnet sind.

Viele glauben jedoch nicht an seine göttliche Abstammung und verabscheuen seine sinnlichen Bacchanale. Für diese Ablehnung oder Verachtung müssen sie schwer büßen.

In Theben, der Geburtsstadt Semeles, regiert König Pentheus, der Sohn der Agaue. Agaue ist Semeles Schwester und hat der Erzählung ihrer Schwester über die göttliche Zeugung niemals geglaubt. Sie hat statt dessen das Gerücht verbreitet, Semele sei von einem Landstreicher geschwängert worden und ihr Tod sei Zeus' Rache für den Mißbrauch seines Namens.

König Pentheus will mit dem verweichlichten angeblichen Gott und seinem ausschweifenden Kult nichts zu tun haben. Er nimmt Dionysos gefangen. Aber Dionysos läßt König Pentheus' Palast einstürzen und bringt ihn dazu, selbst den Ritualen beizuwohnen. Der König begibt sich, in Frauenkleider verkleidet, zum Berg Kithaeron, wo die Vorbereitungen für die Rituale in vollem Gange sind.

Auch Pentheus' Mutter Agaue befindet sich in völliger Ekstase unter den Frauen. Während Pentheus das Ritual *verfolgt, lenkt Dionysos die Aufmerksamkeit auf ihn. So vollzieht sich die blutige Rache des Gottes: In ihrer göttlichen Trunkenheit halten die Bacchantinnen den König für ein wildes Tier und zerren ihn zu sich herab. Sie reißen ihn in Stücke. Agaue steckt den Kopf ihres Sohnes auf einen Stock und kehrt triumphierend in die Stadt zurück, wo ihr Vater Kadmos sie zur Besinnung ruft. Da erkennt sie das grausame Schicksal, mit dem Dionysos sie gestraft hat.*

Es gibt mehrere Berichte dieser Art, in denen sich der abgewiesene Dionysos auf schreckliche Weise rächt. In einigen Mythen wird dieses Wüten einem Fluch Heras zugeschrieben. Bei seiner Rückkehr aus Indien wird Dionysos von Rhea, einer Göttin aus der vorgriechischen-matriarchalischen Zeit, von diesem Fluch befreit. Sie weiht ihn anschließend in die matriarchalischen Mysterien und Initiationsrituale ein.

Als ein Großteil der Welt den Dionysoskult, den Wein und die Einweihungsrituale kennengelernt hat, zieht sich auch Dionysos auf den Olymp zurück und gesellt sich zu den anderen Göttern. Aus einem Verhältnis mit der Liebesgöttin Aphrodite wird Priapos, der Gott der Fruchtbarkeit, geboren, erkennbar an seinem großen Phallus.

Dionysos' Mutter Semele erlangt Unsterblichkeit. Dionysos steigt in den Hades hinab und holt seine Mutter aus der Unterwelt auf den Olymp.

Der Gott der Lust

Dionysos symbolisiert alles, was im weitesten Sinne des Wortes mit Lust zu tun hat: Lebenslust, Trinklust, Eßlust, Liebeslust, Lust zu tanzen, Spaß zu haben und die Sinne zu kitzeln. Der Schenkel, aus dem er geboren wurde, ist ein männliches Symbol für Kraft und Lust. Die verwundete Stelle, an der der Fischerkönig seine Lebensenergie und Lebenslust verloren hat, ist in dieser Geschichte die Geburtsstätte eines neuen Gottes.

Im Tarot Aleister Crowleys steht die elfte Karte für »Lust«. Die

Karte zeigt eine Frau, die auf dem Rücken eines siebenköpfigen Löwen sitzt, und ist eine Darstellung »göttlicher Trunkenheit und kosmischer Ekstase. Die Frau ist ganz ihrer Verzückung hingegeben; auch der Löwe ist in Lust entflammt. Seine sieben Köpfe zeigen das Haupt eines Engels, eines Heiligen, eines Dichters, einer Ehebrecherin, eines kühnen Mannes, eines Satyrs und einer Löwen-Schlange. Sie symbolisieren unterschiedliche Aspekte und Sichtweisen, die jedoch jetzt integriert und im orgiastischen Erleben zu einer ganzheitlichen Wahrheit verschmolzen sind. Sie sind frei von Moral und beschränkender Vernunft. Die hier ausgedrückte Energie entspricht der ungebändigten Kraft der ursprünglichen, schöpferischen Ordnung. Das innere Tier wird nicht durch Kampf und Unterdrückung, sondern durch Bejahung und Hingabe gezähmt und integriert. [...] ›Lust‹ enthüllt ihr wertvolles, kreatives Potential nur dann, wenn sie vollkommen gekostet, geschmeckt, getrunken wird. Dadurch wird sie verstanden und für die eigene Bewußtwerdung genützt. Der Weg zur Transzendenz führt durch alle Aspekte des Irdischen.«[29]

Dionysos wird in mythologischen Betrachtungen oft Apollon gegenübergestellt, dem Gott der Sonne. Apollon ist der Gott des Tages, der Schöpfung, der Kunst und Wissenschaft, der Klarheit und Objektivität, Ästhetik und Ordnung. Dionysos dagegen ist der Gott der Nacht, des Chaos und des Unbewußten, der Gott des Weins, des Tanzes und der Ekstase. Er ist der Gott, der uns mit dem Instinkt und dem Animalischen in der Natur in Kontakt bringt, aber auch mit der Magie, der Erotik und dem damit verbundenen Göttlichen. Dionysos streift mit seinem Gefolge von Bacchanten, Satyrn und Mänaden von Stadt zu Stadt und verführt die Menschen mit seinen rituellen Orgien. Er zieht den Genuß dem Kampf vor.

»Siehe, der Sohn des Höchsten
Freut sich an heit'ren Festen.
Liebt den Frieden, der Stadt und Haus
Füllt mit Jugend und Schätzen.

Armen und Reichen hat der Gott
Gleiche Gabe geschenkt, des Weins
Kummerstillenden Balsam.
Leidig ist ihm, wer es verschmäht,
Sich bei Tag und in trauter Nacht
Heit'rer Stunden zu freuen.«[30]

So wird Dionysos in den *Bakchen* vorgestellt, einer der bekanntesten Tragödien von Euripides. »Dionysos will lieber feiern, trinken und mit den Satyrn spielen als in den Krieg ziehen, und seine Versuche, Männer von den Kriegsschauplätzen wegzuholen, damit sie sich ihm anschließen, ist ein göttliches Geschenk an die Menschen«, schreibt Arthur Evans in *The God of Ecstasy.*[31]

Auch dem Kampf der Götter um die Macht auf dem Olymp geht Dionysos aus dem Weg. Er streift auf der Erde umher und gesellt sich in mythologischer Zeit erst spät zu den anderen Göttern auf dem Olymp.

Dionysos vergegenwärtigt eine Seite des Mannes, die lange Zeit geleugnet und ignoriert worden ist. Das ist seine weibliche Seite und der Aspekt, der ihn mit Genuß und Ekstase verbindet. Meistens ist es eine Frau, die einen Mann zum ersten Mal mit dieser Seite an sich selbst konfrontiert. Es handelt sich um die Kunst, im Augenblick zu leben, zu genießen und mit dem Strom des Lebens zu schwimmen; um die Spontaneität, die Lebensenergie, die sich nur um ihrer selbst willen äußern will.

Dionysos genießt die schönen Dinge des Lebens: Wein, Theater, Tanz, Liebe und die Schönheit von Körper und Seele. Im Gegensatz zur apollinischen Seite des Mannes, die eher die gebildeten und verfeinerten Künste liebt, wie klassische Musik, Gedichte, Opern, ein gutes Buch oder einen Museumsbesuch, liebt Dionysos die kreative Handlung selbst. Das Ringen mit den schöpferischen Urkräften und den Säften, die dabei frei werden, ist das Spiel, bei dem er sich wohl fühlt.

Vor dieser Seite haben viele Männer Angst; Angst vor dem schöpferischen Chaos, Angst vor dem Weiblichen in sich; Angst davor, als »weibisch« angesehen zu werden oder labil und emotional zu sein. Diese Angst äußert sich unter anderem in der Abneigung gegen Homosexualität und der Unterdrückung alles Weiblichen.

Viele Männer, die Dionysos kennen und ihn ehren, fühlen sich von ihrer Umgebung verkannt und unverstanden. Sie irren umher, nehmen aber am gesellschaftlichen Leben nicht aktiv teil. Sie suchen Zuflucht in der Musik oder im Theater und halten sich in Discos oder Nachtklubs auf, besuchen Houseparts oder reisen in ferne Länder wie Indien. Sie rauchen Gras oder nehmen Ecstasy, verfallen dem Alkohol und führen oft ein Doppelleben. Sie müssen ihre wahren Gefühle und Ideen verbergen und fühlen sich von der Gesellschaft, ihren Eltern oder ihrer Familie oft abgelehnt. Sie leben ein Nachtleben und scheuen das Tageslicht.

In unserer Gesellschaft ist Dionysos noch immer ein untergeordneter Gott, eine Energie, für die es in der männlichen Seele noch keinen offiziellen Platz gibt. Wir werden Dionysos noch nicht im Aufsichtsrat eines großen Unternehmens oder im Parlament antreffen. Aus Sitzungen und Firmen wird er ferngehalten, weil er zu weiblich ist, und in den Kirchen wird er als Teufel dargestellt. Er muß sich als Mädchen verkleidet verbergen und dem Hohngelächter seiner Umgebung trotzen. Aber wie die Geschichten von Dionysos zeigen, kann die Leugnung von Lust und Gefühlen grausame Folgen haben. Ohne eine tief erlebte Sexualität und den Kontakt mit unserem Gefühlsleben richten wir unbewußt großen Schaden an.

Wir können jedoch in den letzten Jahren beobachten, wie Dionysos allmählich in unsere Gesellschaft zurückkehrt: Das ist an dem zunehmenden Interesse an Mystik und Ekstase, an der Anerkennung des Weiblichen im Mann und der Lockerung der sexuellen Normen zu erkennen. Die Offenheit gegenüber Homo- und Bisexualität und der Körperkult haben zugenommen, das Genießen und Erleben wird in zunehmendem Maße wieder gefeiert. Diese Tendenz haben wir zum ersten Mal in den sechziger Jahren beobachtet, als junge Männer ihre Haare wie

Frauen lang wachsen ließen und anfingen, Ketten und Ohrringe zu tragen. Zum ersten Mal wurde in großem Umfang der Zugang zu einer freieren Sexualität und dem persönlichen Erleben von Spiritualität geöffnet. Dies ging mit Drogen, Musik und wilden Tänzen einher, den Kennzeichen des Dionysoskultes. Aufgepeitscht von Musik und Ecstasypillen, erforschen Jugendliche die Grenzen ihres Geistes.

Popkonzerte, Discos und Housepartys sind die Dionysosrituale unserer Zeit. Popkünstler wie David Bowie, Mick Jagger und später Prince und Michael Jackson stellen in ihrer Musik und in ihrer äußeren Erscheinung die Verschmelzung männlicher und weiblicher Elemente dar. Sie versetzen ihre Fans mit ihren Konzerten in ekstatische Ausgelassenheit und sind neue Rollenvorbilder für Männlichkeit und Sexualität.

Aber das Erleben des Dionysischen scheint auch eine Schattenseite zu haben. Das dionysische Element wurde zunächst vor allem äußerlich erlebt. Man strebte nach Grenzenlosigkeit, Freiheit und Genuß. Jugendliche wollten nicht mehr erwachsen werden und blieben in dem süßen Traum von göttlicher Jugend stecken. Die sexuelle Befreiung war vor allem eine äußerliche Befreiung von alten Formen, plötzlich war alles möglich, aber es dauert sehr viel länger, bis eine *innere* sexuelle Befreiung stattfinden kann. Heras Fluch scheint seine Opfer zu fordern.

Die Rache des Dionysos

Dionysos hat zwei Gesichter: das eine zeigt Lust, Schönheit und Weiblichkeit, das andere ist voller Destruktivität, Rache und Chaos. Dies sind auch die zwei Gesichter der Komödie und Tragödie, die lachende und die weinende Maske, die Kennzeichen des Theaters, dessen Erfinder Dionysos war. Drogen, Sex, Alkohol oder Tanz können zur Ekstase führen, sie können aber auch vernichtende Folgen haben. Ein Mangel an diesen Bestandteilen kann geradewegs ins Gegenteil umschlagen, was genauso schädlich sein kann. Ein Zuviel an sexuellen Kontakten, Drogen oder Alkohol führt schließlich zu Krankheit, Wahnsinn oder Tod.

Die dunkle Seite des Mannes ist die gewalttätige Energie, die dann entsteht, wenn seine schöpferische Lebensenergie zurückgehalten wird. Sie ist die Wut, die frei wird, wenn der Mann sich verkannt fühlt, wenn sein Wert angezweifelt wird und er sich vor seinen wahren Gefühlen verstecken muß. Wie ein schwelendes Feuer wächst im Stillen seine Rachsucht, bis die Bombe platzt und er zum vernichtenden Schlag ausholt – entweder gegen sich selbst oder gegen seine Umgebung. Die Leugnung der sexuellen Lebensenergie kann verheerende Folgen haben. Bei Jugendlichen, bei denen diese Lebenskraft eingedämmt oder einfach nicht erkannt wird, sehen wir eine große unterdrückte Aggressivität entstehen. Diese kann in kriminellem Verhalten oder rassistischen Handlungen zum Ausdruck kommen, aber sie kann sich auch nach innen wenden und den Jungen selbst vernichten. Ein Mann, dessen dionysische Energie stark ist, ist oft in hohem Maße selbstdestruktiv. Die Vorurteile über die gefühlsmäßige und schöpferische Seite des Mannseins, mit denen er aufgewachsen ist, schlagen in Selbstvorwürfe und Selbstbestrafung um. Unbewußt wird er selbst seinem Erfolg entgegenarbeiten, aus Angst, in seiner wahren Gestalt gesehen zu werden. Er wird sich anpassen oder verstecken.

Seine Lust wird er nicht öffentlich äußern, sondern im geheimen: er wird sie beim Lesen von Pornoheftchen genießen, bei Huren, auf Parkplätzen oder in Discos. Die Lust hat sich von der Liebe getrennt und führt im Dunkeln ein eigenes Leben. Damit ist die Lust zu einer der am meisten verachteten und entstellten Aspekte des menschlichen Lebens geworden.

Vom Matriarchat zum Patriarchat

Dionysos wird zweimal geboren: einmal von einer Frau, seiner Mutter Semele, und einmal von einem Mann, nämlich aus dem Schenkel seines Vaters. Wegen dieser doppelten Geburt und aufgrund seiner Erziehung als Mädchen behält Dionysos immer etwas Zwitterhaftes. Er ist zugleich Mann und Frau. Als Archetyp vertritt er am stärksten das Weibliche im Mann.

Dionysos zeigt darin große Übereinstimmung mit dem indischen Gott Shiva, dem Gott der Schöpfung und der Zerstörung. Beide haben ein ausgesprochen weibliches Äußeres und werden in Tierfelle gekleidet und mit Schlangen um den Hals abgebildet. Shiva wird manchmal auch als halb Mann, halb Frau dargestellt, um die Vereinigung von männlichen und weiblichen Aspekten zu unterstreichen.

Die Schlange war in der alten matriarchalischen Religion das Symbol der weiblichen Energie. Die Schlange stand für Sexualität, Fruchtbarkeit und die schöpferische Energie der Erde. Die Kundalini-Shakti, die weibliche Energie, wird in Indien und anderen östlichen Ländern noch immer verehrt. Die Schlange wird auch mit Heilung und den Selbstheilungskräften in Verbindung gebracht. Das Gift einer Schlange kann tödlich sein, zugleich aber auch als Medizin dienen. Deshalb wurde sie zum Wächter über Tod, Leben und Wiedergeburt. Die transformative und lebensspendende Kraft der Schlange wurde durch das Abwerfen und Erneuern ihrer Haut verstärkt. Sie besitzt das Geheimnis der Unsterblichkeit, den Zugang zur göttlichen Lebensenergie, wodurch wir den Göttern gleich werden könnten.

In der christlichen Kirche ist die Schlange das Symbol für den Teufel, für Verrat, Falschheit und List. Eva wurde durch die Schlange verführt, in den Apfel zu beißen, damit sie wie Gott sein könne. Statt dessen erfährt sie Scham über ihre Nacktheit und wird zusammen mit Adam aus dem Paradies vertrieben.

Jean Shinoda Bolen stellt die Doppelgeschlechtlichkeit von Dionysos in Zusammenhang mit dem Übergang vom Matriarchat zum Patriarchat.[32] Viele archäologische Funde und Untersuchungen weisen darauf hin, daß vor den männlichen Göttern weibliche Gottheiten den Ton angaben. Bilder der großen Muttergöttin und Abbildungen der Mutter als Schöpferin der Menschheit sind überall auf der Welt zu finden. Alle Kulte waren der großen Mutter geweiht, und der Kontakt mit der Erde und der Natur standen in ihrer Religion im Zentrum.[33] Dionysos bildete eine Brücke zwischen diesen zwei Kulturen, zwei Religionen. Seine Mutter Semele ist, wie später seine Frau Ariadne, eine

Göttin der vorhellenistischen Zeit und wurde mit dem Mond und der Erde in Beziehung gebracht. In der alten matriarchalischen Religion hätte Dionysos ein Amt als Priester der Muttergöttin innegehabt und wäre an den Initiationen und religiösen Ritualen, die draußen in der Natur bei Vollmond oder bei Neumond durchgeführt wurden, beteiligt gewesen.

Die Tatsache, daß Semele durch die Blitze von Zeus verbrannt wurde, kann auf den Übergang vom Matriarchat zum Patriarchat weisen. Jahrhundertelang hat das Patriarchat die Spuren der von Frauen beherrschten Religion rigoros getilgt. Die Zahl Dreizehn, die Zahl der Göttin und der dreizehn Monde im Jahr, zu denen Frauen menstruieren und zugleich ihre Rituale abhielten, wurde zur Unglückszahl erhoben, und das Jahr wurde in zwölf Monate aufgeteilt. Magie und erdverbundene Rituale wurden verketzert, und Frauen wurden zu Handlangern des Teufels, weil sie das schwache Fleisch verführten. An alten heiligen Kraftorten wurden Kirchen errichtet, oft zu Ehren des heiligen Michael, der den Drachen erschlug, das Symbol des Matriarchats und der weiblichen Erdenergie.

Die weibliche Energie wurde fortan durch die fromme und keusche Maria verkörpert, die zuvor ihrer eher dunklen und kräftigen Seite entledigt wurde. Die »Göttin« wurde vom Patriarchat aus dem Pantheon der Götter und Heiligen verbannt. Mit der Verketzerung alles Weiblichen und Erdverbundenen wurden auch der Genuß und die Lust verbannt. Sex war schlecht und sündhaft, und der Körper galt als unrein. Genuß war ein absolutes Tabu. Sexualität diente der Fortpflanzung und nicht der Freude oder der persönlichen Befreiung. Priester legten ein Keuschheitsgelübde ab, weil Spiritualität und Sexualität nicht miteinander zu vereinbaren waren. Die christliche Kirche nahm dem Menschen die persönliche Gotteserfahrung. Statt dessen entstand ein hierarchisches System von Gehorsam und Abhängigkeit. Der Papst wurde zum Stellvertreter Gottes auf Erden, und es steht allein ihm zu, die göttlichen Gesetze zu interpretieren. Die übrigen Schafe haben nur zu gehorchen und zu folgen.

Es scheint nun, als ob wir mit dem Beginn des Patriarchats

das Paradies der Muttergöttin verloren und nur ein System männlicher Werte und Unterdrückung übrigbehalten hätten. Aber genauso, wie ein Kind die geborgene Welt der Mutter loslassen und sich mit dem Vater verbinden muß, um den Schritt in die Welt hinein zu tun, so war der Loslösungsprozeß von der matriarchalischen Religion ein notwendiger Schritt in der Evolution des Menschen. Nach einer Periode der Verbundenheit mit der Natur, während der der Mensch in einer Art magischem Gruppenbewußtsein lebte – es bestand kaum ein Unterschied zwischen dem Stamm und dem einzelnen – brach eine Zeit der Individualisierung, der Unterschiede und der Rationalität an. Diese Entwicklung hat sich in den letzten 2 000 Jahren vollzogen und scheint an der Schwelle dieses Milleniums zu Ende zu gehen. Wir befinden uns an einem Punkt, an dem sich ein nächster Schritt ankündigt. Das Patriarchat hat abgewirtschaftet. Überall zeigt sich, daß die Macht der Rationalität ihr Extrem erreicht hat. Viele Menschen sind auf der Suche nach einem neuen Gleichgewicht. Sie vertiefen sich in eine andere, oft weiblichere Form der Spiritualität. Die Weisheit der Göttin wird an vielen Orten studiert, die Erde und die Umwelt erlangen größere Aufmerksamkeit, der Intuition und dem Gefühl wird eine größere Rolle zugesprochen, und die Wichtigkeit der Gleichbehandlung von Männern und Frauen scheint sich im Westen ein für allemal durchzusetzen. Ich denke, daß wir dennoch nicht zu einer matriarchalischen Gesellschaftsordnung zurückkehren, wie einige hoffen oder behaupten. Ich denke eher, daß wir uns auf eine Integration männlicher und weiblicher Werte zubewegen, auf eine Verbindung von Matriarchat und Patriarchat. Das wäre die Religion der inneren Hochzeit, in der sich die Gegensätze vereinen, in der Bewußtes und Unbewußtes, Individuum und Gesellschaft, Verstand und Intuition, Innen- und Außenwelt und Mann und Frau Teil eines größeren Ganzen werden.

Der Kampf der Geschlechter

Ich war einmal zu Besuch bei einem Medizinmann der Hopi-Indianer, der mir ein Gemälde über die Geschichte der Welt zeigte. Auf dem Bild war der Übergang von der dritten zur vierten Welt abgebildet, der Zeitraum, in dem wir uns gemäß seiner Tradition jetzt befinden. Auf dem Bild waren ein Mann und eine Frau zu sehen, und darunter zwei sich kreuzende Linien. Es sah so aus, als ob die Zeichnung sagen wollte, daß Mann und Frau ihre Rollen tauschen sollten. Eine Rollenveränderung scheint große Verwirrung und Chaos mit sich zu bringen. In der belgischen Sendung Volle Maan *(Vollmond)*, in der fünf Frauen einen Mann befragen, sagte dieser: »Ich weiß nicht mehr, ob ich oben liegen darf oder nicht. Soll ich nun einfühlsam und soft sein oder wild und machohaft?« Männer sind sich über ihre Identität im unklaren. Wo Männer mit ihren Gefühlen und ihrer Unsicherheit Fühlung aufgenommen haben, haben Frauen ihre Kampfbereitschaft und Selbstsicherheit entdeckt. Die Frauen haben in den letzten Jahrzehnten für ihre Rechte gekämpft und ihren rechtmäßigen Platz und Stellenwert in der zuvor von Männern dominierten Welt wieder eingefordert. Aber neben vielem Positiven hat der Feminismus auch viel Schaden an der männlichen Seele angerichtet. In ihrem Kampf sahen die Feministinnen nicht, daß die Männer, genauso wie die Frauen, Opfer des Patriarchats geworden waren. Die Schuld und die Scham, mit denen die Kirche sexuelle Freiheit und Genuß besetzt hat, wurden durch den Feminismus noch einmal aufgefrischt. Männer wurden zu Sexisten, Bestien, die Frauen unterdrücken, Krieg führen und Kinder vergewaltigen. Männliche Sexualität wurde ausschließlich als gewalttätig und vergewaltigend betrachtet. Einige gingen sogar so weit, wissenschaftlich beweisen zu wollen, daß der Mann der Frau biologisch unterlegen sei. Was jahrhundertelang umgekehrt vertreten wurde, daß die Frau dem Mann biologisch unterlegen sei, wurde schlicht umgedreht.

Moore und Gillette schreiben in ihrem Buch *König, Krieger, Magier, Liebhaber*: »Feministinnen haben erkannt, wie die maskuline Vorherrschaft im Patriarchat das Weibliche unterdrückt und mißbraucht hat – sowohl die sogenannten weiblichen Eigenschaften und Vorzüge als auch die Frauen selbst. In ihrer radikalen Kritik des Patriarchats kommen manche Feministinnen zu dem Schluß, daß Männlichkeit von Natur aus ausbeuterisch sei und daß die Verbindung mit ›Eros‹ – mit Liebe, Bindung und Zärtlichkeit – ausschließlich der femininen Seite der menschlichen Gleichung entspringe.

So wertvoll manche dieser Einsichten für die Sache der männlichen wie der weiblichen Befreiung von patriarchalen Klischees gewesen sein mögen, wir glauben, daß diese Perspektive ernste Mängel aufweist. Nach unserer Ansicht ist das Patriarchat *nicht* der Ausdruck tiefer und in sich ruhender Männlichkeit, denn wahre, verwurzelte Männlichkeit mißbraucht nicht. Das Patriarchat ist Ausdruck *unreifer* Männlichkeit. In ihm artikuliert sich das Jungen-Bewußtsein und teilweise die Schattenseite – oder verrückte Seite – der Männlichkeit. Es symbolisiert den verkrüppelten, auf nicht vollendeten Stufen festgehaltenen Mann.«[34]

Der feministische Angriff auf die männliche Identität entstand aus einer Mischung von Wut und Verletztheit, wurzelte aber auch in der Angst vor der eigenen weiblichen Kraft, die solange unterdrückt worden war.

Ich habe einmal einen Artikel aus der feministischen Monatszeitschrift *Opzij* umgeschrieben und überall, wo »er« stand, »sie« eingesetzt und umgekehrt. Das Resultat war schockierend, und es gab als Reaktion zahlreiche Leserzuschriften.[35] Der gönnerhaftherablassende Ton des Artikels ließ vielen die Haare zu Berge stehen. Tatsache war, daß wir, wenn es um Männer geht, diesen witzigen Ton gewohnt sind, ja, ihn sogar rechtfertigen und begreifen konnten. Aber durch einen einfachen Austausch persönlicher Fürwörter, »sie« anstelle von »er«, wurde erst schmerzlich klar, wie krank und zersetzend dieser Artikel in Wirklichkeit war. Die Männer waren Trottel, armselige Tröpfe oder autoritäre Schweine. Sie hatten ausgedient.

Auch in der Reklame, im Fernsehen, in Tageszeitungen und

Zeitschriften herrscht anscheinend die Tendenz, Männer negativ oder abwertend darzustellen. Der Playboy-Kolumnist Asa Baber sagte während einer Männer-Konferenz in Austin seufzend: »Die Geschichte der letzten 25 Jahre ist ein einziger Angriff auf die Männlichkeit gewesen. Was wir damit erzeugt haben, sind Generationen junger Männer, die denken, daß es schlecht ist, männlich zu sein, daß es schlecht ist, aggressiv zu sein, daß es schlecht ist, ein Macho zu sein. Ich möchte dem entschieden widersprechen und sagen, daß es prima ist, männlich zu sein. Männlichkeit ist nicht grundsätzlich selbstzerstörerisch. Männlichkeit ist prachtvoll, herrlich, sexuell, voller Humor und provozierend.«[36]

Vor kurzem assistierte ich bei einem Seminar mit dem Titel »Großes Frieden-Schließen: Männer und Frauen«, das im Rahmen einer Konferenz auf Kreta stattfand. Die Grundidee des Seminars war, daß die Menschheit nur aus zwei Stämmen besteht: Männern und Frauen, und es könne nur dann Frieden herrschen, wenn diese zwei Stämme aufhörten, einander zu bekriegen. Weil uns für diesen Workshop nur ein begrenzter Zeitraum zur Verfügung stand, kamen wir nicht dazu, »Frieden zu schließen«, sondern endeten in Streit und Verständnislosigkeit! Das einzige, was wir erreicht hatten, war, den Krieg sichtbar zu machen, ihn zu thematisieren, und zu erkennen, daß wir noch einen langen Weg vor uns hatten. Eines der positiven Ergebnisse des Seminars war die Erkenntnis, daß Männer und Frauen völlig unterschiedlich sind und oft gänzlich verschiedene Sprachen sprechen. Der Originaltitel eines vor wenigen Jahren auch in Deutschland erschienen Buches faßt das ganze Problem in einen einzigen Satz: *Men Are from Mars, Women Are from Venus.* Es sieht tatsächlich so aus, als ob wir von unterschiedlichen Planeten kämen und uns gegenseitig kaum verstünden.[37]

Oft bildet sich zwischen Mann und Frau folgendes Muster heraus (obwohl auch die umgekehrte Situation eintreten kann): Der Mann verlangt nach Sex als Ausdruck von Intimität und Kontakt; die Frau ist darüber zumeist schockiert. Sie will kommunizieren und einen gefühlsmäßigen Kontakt als Mittel zur

Intimität, woraufhin der Mann denkt: Da fängt die Quengelei schon wieder an. Deshalb können wir beobachten, wie Männer und Frauen in ihrem Verlangen nach echtem Kontakt oft aneinander vorbeireden und sich frustriert und müde trennen. So sabotieren sie die jeweiligen Annäherungen, führen weder ein offenes Gespräch noch einen reinigenden Streit. Das Einfachste wäre zu sagen, daß wir alle androgyn sind; dann wäre das Problem gelöst. Wir würden nicht mehr von männlich oder weiblich reden, denn wir wären alle gleich.

Ich denke jedoch, daß das keine Lösung ist. Wir haben es mit einer Dualität zu tun, und so zu tun, als gäbe es sie nicht, wäre eine Verleugnung der Wirklichkeit. Männer und Frauen sind zwar gleich*wertig*, aber nicht *gleich*. Zum Glück nicht, denn gerade das Spiel zwischen den beiden Polen macht den Reiz des Lebens aus. Das Problem liegt in der Tatsache, daß wir bislang versucht haben, das eine über das andere zu stellen, das Männliche dem Weiblichen oder das Weibliche dem Männliche überzuordnen. Das hat zu einem Kampf geführt, der in jede Beziehung und in jede Ehe hineinreicht.

Die Kunst besteht darin, aus dem Kampf ein Spiel oder einen Tanz zu machen, in dem beide Spieler ihre Rollen behalten und eine kreative Spannung entsteht. Dionysos ist nicht umsonst der Schöpfer des Theaters. Im Gegensatz zu den Kämpfen, in denen es darum geht, zu gewinnen oder zu verlieren, kennt das Theater keine Feinde. Jeder spielt seine Rolle, und die Spannung der Vorstellung entsteht durch das kreative Zusammenwirken der Spieler. Der eine glänzt durch die Gunst des anderen. Spiel und Gegenspiel sind ein Tanz, in dem jeder seine Individualität darstellen kann. Das sind die Instrumente des Archetyps »Liebhaber«.

Die Kunst des Liebens

Dionysos kommt auf seinen Reisen durch Asien mit vielen Kulturen und Bräuchen in Kontakt. Dort macht er Bekanntschaft mit dem Tanz, der Ekstase und der Liebe. Mit diesen

Schätzen und einem ganzen Gefolge tanzender Mänaden und Silenen kehrt er ins Abendland zurück. Seit den sechziger Jahren gibt es bei uns viele Jugendliche, die dem Vorbild des Dionysos folgen. Sie reisen nach Indien und kehren mit neuen Erkenntnissen über Sexualität und Spiritualität nach Hause zurück. Begriffe wie Yoga, Meditation, Tantra, Ayurveda, Yin und Yang bürgern sich langsam in unserer Gesellschaft ein. Während sich der Westen auf die Kenntnis der Zukunft verlegt hat, scheint der Osten die Weisheit der Vergangenheit behalten zu haben. Im östlichen Gedankengut finden wir eine Antwort auf die Lücken, die in unserer Kultur entstanden sind. In alten tantrischen Schriften treffen wir auf eine Sichtweise von Sexualität, die sich stark von der unsrigen unterscheidet. Während im Westen die Verbindung zwischen Liebe und Lust, zwischen dem vierten und zweiten Chakra verlorengegangen ist, beschreibt das Tantra eine Tradition, in der Herz, Körper und Geist eine Einheit bilden. Die sexuelle Vereinigung wird als heiliges Mittel zur Selbstverwirklichung und zu höchstem Genuß betrachtet. In Tempeln und Büchern wird das Liebesspiel öffentlich in vielen Variationen abgebildet, ohne daß eine Vorstellung von Sünde oder Verderbtheit daran gekoppelt wäre.

Durch die »Fremdbestäubung« aus dem Osten, die sich gegenwärtig ereignet, fangen wir an zu erkennen, daß Sex einer der heiligsten Augenblicke der Einswerdung mit einem anderen und mit uns selbst sein kann. Guter Sex ist gut für das Herz und den Körper. Wir fühlen uns dadurch besser, vitaler, gesünder, vollwertiger. Er ist eines der Tore zu unserem Selbstwert und zu innerer Autorität. Es ist herrlich und schön, unseren Körper zu genießen, gestreichelt zu werden, die Erregung zu spüren und uns dem sexuellen Verlangen hinzugeben. Es ist herrlich, einen geblasen zu bekommen oder einer Frau die Vagina zu lecken. Im *Linga-Purana* wird das Lingam (der Penis) als das »Shiva-Lingam« beschrieben, »schön wie geschmolzenes Gold, fest wie das Himalaya-Gebirge, zart wie ein gefaltetes Blatt, dem Sonnenkörper Leben spendend! Betrachte den Zauber seiner funkelnden Juwelen!«

Im *Kama-Sutra* wird beschrieben, wie eine Frau das Lingam ihres Geliebten als das ursprüngliche Lingam von Shiva, das männliche Prinzip, verehren kann. »Sie sollte sich ihm im Geiste von Reverenz und Ehrfurcht nähern und ihren Mund wie eine zweite Yoni (Vagina) benutzen. Wenn sie auf entspannte und spontane Art rhythmisch am Lingam saugt, wird sie imstande sein, ihn tief in den Hals hinein aufzunehmen, ohne befürchten zu müssen, davon geknebelt oder erstickt zu werden. Durch diese Praxis kann eine Frau ihren Liebsten ehren und erfreuen und seine Ausscheidung als ein körperliches Sakrament empfangen.«[38]

Ebenso wird über die Verehrung des weiblichen Geschlechts geschrieben: »Sie sollte ihn an ihrer Lotusblume saugen und ihn seine Lust zeigen lassen. Er sollte den Duft einatmen und mit seiner Zunge eindringen, suchend nach den Roten und Weissen Sekretionen. Dann sollte sie zu ihm sagen: ›Iß meine Essenz! Trinke die Wasser der Befreiung! O Sohn, sei ebenso ein Sklave wie ein Vater und Liebhaber!‹ «[39]

Es ist wichtig, gleichzeitig mit dem Aufblühen der Leidenschaft unser Herz zu öffnen, um die sexuelle Energie zu kanalisieren. Sexualität verliert ohne Liebe ihren Glanz. Erst wenn eine Verbindung zwischen der nach außen gerichteten sexuellen Leidenschaft und der erlangten Liebesenergie des Herzens entsteht, wird das Gleichgewicht hergestellt.

Dabei wird übrigens zwischen der sexuellen Energie des Mannes und derjenigen der Frau unterschieden. Beim Mann befindet sich die nach außen gerichtete Energie in seinem Becken; das ist der positive Pol, und das Herz ist der negative, empfangende Pol. Bei der Frau ist es genau umgekehrt: das Herz ist der positive, nach außen gerichtete Pol und das Becken der negative, empfangende Pol. Der Unterschied zwischen diesen beiden Energieströmen und die Tatsache, daß er nicht bekannt ist, sind die Ursachen vieler Probleme zwischen Männern und Frauen.

Wenn wir beide Energien achten können, sowohl in uns als auch bei dem anderen, entsteht eine echte Verschmelzung. Mit der Vereinigung von Eros und Amor erfolgt die innere Hochzeit, aus der das Kind namens »Genuß« geboren wird.

Sexuelle Initiation

In ihrem Buch *Das Tal der Pferde* beschreibt Jean Auel die sexuelle Initiation eines jungen Mädchens aus einem Stamm, den Jondalar, eine der Hauptpersonen des Buches, zu diesem Zeitpunkt besucht.[40] Ihr »erstes Mal« wird sorgfältig vorbereitet, und es wird alles getan, um ihr eine liebevolle und phantastische Erfahrung zu ermöglichen. Jondalar, der für seine sexuelle Erfahrung und seinen Charme bekannt ist, schläft mit ihr und entjungfert sie. Er gibt ihr »das große Geschenk der Mutter«, den Genuß der Liebe. Er muß dafür sorgen, daß ihr Eintritt in das Reich der Sexualität auf angenehme und schöne Weise erfolgt. Er muß seine eigenen Lustgefühle dabei zu beherrschen wissen, ohne sie zu unterdrücken, um das Mädchen nicht abzuschrecken. Die Szene ist prachtvoll beschrieben: Wie er zuerst mit der Zunge ihre Lust erregt und dann sanft in sie eindringt, bis sie soweit ist, sich auf den Wellen der Lust vollständig seinem männlichen Glied und ihrem eigenen Genuß hinzugeben.

Ob es in der Urzeit so ideal zuging, weiß ich nicht, aber das beschriebene Bild ruft ein uraltes Verlangen nach Geborgenheit, Liebe und Erotik hervor: die Geborgenheit des Stammes, des mit Tuch und Fell bedeckten Zeltes, in dem sich das Einweihungsritual abspielt, und die Sorge und der liebevolle Schutz der Stammesälteren für die zarte, sich entfaltende Sexualität dieses Mädchens. Wie schön wäre es, wenn wir in unserer Gesellschaft dafür wieder die Verantwortung übernähmen, anstatt Jugendliche herumpfuschen zu lassen und sie bestenfalls vor Geschlechtskrankheiten und anderen unangenehmen Folgen des Liebesaktes zu warnen. Wir sind so unzulänglich in unserer Sexualerziehung! Die erdrückende Einsamkeit, die Frustration und Verständnislosigkeit, die im sexuellen Bereich zu beobachten sind, brauchen uns deshalb auch nicht zu überraschen. Keiner von uns weiß, wie es eigentlich sein sollte, und wir sitzen alle im selben Boot. Das einzige, was wir tun können, ist, uns der Schmerzen, die wir angehäuft haben, bewußt zu werden und zusammen neue Wege zu suchen, Wege, die uns selbst und den Generationen nach uns Halt und Geborgenheit geben.

Wir könnten nach Möglichkeiten suchen, Jugendliche in der Schule auf angenehme Weise mit ihrer Sexualität in Kontakt zu bringen. Wir könnten erotische Filme aufnehmen, in denen sowohl die Sexualität als auch die Liebe zwischen zwei Menschen als persönliches Erlebnis eine Rolle spielen.

Wir sollten die Sexualität aus den verrufenen Gassen der heruntergekommenen Stadtviertel herausholen und sie als Symbol für Schönheit, Liebe und Göttlichkeit in den Mittelpunkt der Gesellschaft stellen.

Wenn wir unsere Sexualität mit Liebe segnen können, verliert sie ihre Negativität, und wir können dann liebevoll Geschlechtsverkehr miteinander haben. Hören wir damit auf, den Sex schlechtzumachen oder ihn zur Ursache allen Elends zu erklären; die Ablehnung von Sex und die Kritik an ihm sind die eigentlichen Übeltäter. Ich glaube nicht an moderne spirituelle Ideen über das Zölibat und die sogenannte »Transzendierung der Sexualität«, genausowenig, wie ich an die alten zölibatären religiösen Ideen glaube. Ich glaube nicht, daß der Sex dazu da ist, transzendiert zu werden – jedenfalls nicht jetzt.

In der heutigen Zeit ist es wichtig, daß Körper und Seele sich wieder miteinander verbinden, wodurch wir den Schmerz der jahrhundertelangen Trennung spüren werden. Dann sind wir auch eher in der Lage, den Schmerz zu sehen, den wir anderen zugefügt haben. Niemand von uns kann seine Hände in Unschuld waschen, weder Männer noch Frauen. Wir haben uns gegenseitig beschimpft, uns damit einen schlechten Dienst erwiesen und bis in die Tiefen unserer Seelen verletzt. Unseren eigenen Schmerz haben wir anderen und unseren Kindern weitergegeben.

Ich denke, daß wir mit dem Sex vor allem vorsichtig umgehen müssen, mit viel Respekt und Ehrfurcht vor dem anderen. Wir wollen uns nicht beeilen, den entstandenen Schaden wiedergutzumachen, sondern spielend und suchend das Vorspiel genießen, bis wir in der Lage sein werden, uns ohne Scham, Groll oder

Schmerz über das Vergangene gegenseitig zu lieben. Dann erst werden wir uns wirklich umarmen und uns wieder als Gott und Göttin sehen können, die wir sind.

Übung 3: Verbindung von Liebe und Lust

Für diese Übung ist eine gewisse Meditationserfahrung erwünscht. Ich selbst wende keine komplizierten Techniken an, um zu meditieren. Ich setze mich in bequemer Haltung hin, achte darauf, daß mein Rücken gerade ist, schließe meine Augen und richte meine Aufmerksamkeit nach innen. Dort beobachte ich alles, was kommt: Erinnerungen, Alltagssorgen, Gefühle, Gedanken, Widerstände usw. bis in die kleinsten Einzelheiten. Ich versuche, bewußt darauf zu achten und für irgendwelche Einsichten offen zu sein. Oft handelt es sich um ein bestimmtes Thema, oder es sind bestimmte Lehren aus den Gefühlen oder Gedanken zu ziehen, die mich beschäftigen. Um diesen Prozeß zu fördern, spreche ich in Gedanken folgendes aus: Ich bin bereit zu fühlen, zu verstehen und loszulassen. Oder, etwas genauer: Ich bin bereit, dieses Gefühl (der Wut, Enttäuschung, Eifersucht, je nachdem) zu erfahren, zu verstehen und loszulassen.

Ich achte dann auf meine körperlichen Reaktionen; oft tritt eine Art Entspannung und Ruhe ein, sobald ich das wirkliche Thema gefunden habe.

Ruhe und Entspannung sind die Grundlage für folgende Übung, durch die wir die Verbindung zwischen sexueller Energie und Herzensenergie herstellen wollen. Es ist eine Sebstbefriedigungsübung. Für uns Westler ist es vielleicht ein wenig befremdlich, Sexualität zu »üben«, aber in der orientalischen Tradition ist sie eine der höchsten Künste, und sie wird in vielen Büchern genau beschrieben.

Im Abendland wurde Selbstbefriedigung durch die Kirche als Sünde verteufelt, und die Medizin erklärte sie zu einer Krankheit. Es sollte Sie deshalb nicht überraschen, wenn Ihnen diese Übung aus einer anderen Kultur zunächst etwas ungewohnt erscheint.

Sorgen Sie dafür, daß Sie an einem angenehmen Ort ungestört sitzen können, evtl. bei Kerzenlicht, Musik, oder was sonst geeignet ist, die für Sie richtige Atmosphäre zu schaffen.

Ziehen Sie sich aus, und setzen Sie sich aufrecht, in Meditationshaltung, auf ein Kissen oder in den Schneidersitz. Das Wichtigste ist, daß Ihr Rücken gerade ist. Ein wenig Übung und Ausprobieren können nötig sein, um eine gute Haltung zu finden, in der Sie zugleich aktiv aufrecht sitzen und entspannt sind. Die Übung beginnt mit dem »Freimachen des Kopfes«. Nehmen Sie sich 15 Minuten Zeit, alle Gefühle und Gedanken, die in Ihnen auftauchen, zu beobachten, als ob Sie einen Film anschauen. Geben Sie allem den Raum und die Aufmerksamkeit, die es benötigt. Nichts braucht zurückgewiesen oder unterdrückt zu werden. Alle Gedanken, Zweifel, Ängste oder Neugierde sind erlaubt. Den Kopf frei machen bedeutet nämlich nicht, die Dinge zu unterdrücken, sondern alles zu akzeptieren, wodurch Raum entsteht. Es kann einige Zeit dauern, bevor man für den zweiten Schritt bereit ist.

Nachdem Sie den Kopf geleert haben, kommt das Öffnen des Herzens. Konzentrieren Sie sich auf Ihre Herzgegend. Stellen Sie sich vor, Ihr Brustkasten sei ein Zimmer, dessen Fenster Sie allmählich öffnen, so daß die Sonne hereinscheinen kann. Lassen Sie das Licht in Ihrem Herzen zu, und spüren Sie die Sonne in Ihrer Herzgegend. Es kann hilfreich sein, an jemanden oder etwas zu denken, den oder das Sie liebhaben: eine(n) Geliebte(n), die Natur, ein Kind, ein Musikstück, Gott, alles, was Sie in Ihrem Leben berührt und Ihnen Glück schenkt. Nehmen Sie sich dafür auch ca. 15 Minuten Zeit. Wenn Sie diesen zweiten Schritt vollzogen haben, kommt der dritte. Fangen Sie an, Ihren Körper zu streicheln, von außen hin zum Zentrum: erst den Kopf, die

Hände und Füße, dann Arme und Beine, den Rumpf und als letztes das Becken und das Geschlecht.

Die Übung besteht darin, den Kopf leer und den Kontakt mit dem Herzen aufrechtzuerhalten, während Sie sich erregen. Lassen Sie auf natürliche Weise einen Orgasmus folgen, ohne daß Ihre Aufmerksamkeit sich vollständig auf Ihr Geschlecht konzentriert. Wenn es gelingt, werden Sie feststellen, daß beim Samenerguß die Energie nicht in einer verkrampften Bewegung nach außen schießt, sondern in ihrem Körper nach oben steigt, wo sie sich mit dem Herzen und dem Kopf verbindet.

Sie können diese Übung allein machen, aber auch zusammen mit einem Partner. Machen Sie ein Ritual daraus, und bleiben Sie offen für alle Gefühle, die es in Ihnen hervorruft. Vollziehen Sie es nur dann mit jemandem zusammen, wenn genügend Sicherheit, Offenheit und gegenseitiger Respekt für Gefühle vorhanden ist.

5. Der Wilde Mann oder Die Begegnung mit dem Tod

*»Jeder Mensch wird dreimal geboren; einmal von der
Mutter, einmal vom Vater und einmal von sich selbst.«*
Sufi-Sprichwort

Der Name »Wilder Mann« ist eines der Überbleibsel einer archetypischen Gestalt, die seit dem 16. Jahrhundert vollständig aus dem kollektiven Gedächtnis Europas verschwunden ist. Wir begegnen ihm in Europa hier und da noch auf Wappen, auf Münzen, auf Wirtshausschildern, als Hausbezeichnung u. ä. Zum Beispiel ist an der Kathedrale von Den Bosch oberhalb eines Eingangs die Abbildung eines wilden Mannes und einer wilden Frau zu sehen. In Amsterdam gibt es zwei Gaststätten, die »Wilder Mann« heißen, eine davon am Dam. Außerdem gibt es an einem Haus im Stadtzentrum einen Giebelstein mit der Abbildung eines wilden Mannes.

Wer ist dieser Wilde Mann und wo kommt er her? Wie kommt es, daß wir ihn heute nicht mehr kennen? Was bedeutet er für den heutigen Mann?

Eisenhans

Für eine Antwort wollen wir auf die Märchen der Brüder Grimm zurückgreifen.[41] Im 19. Jahrhundert zeichneten sie ein Märchen mit dem Titel »Eisenhans« auf, das bis zu diesem Zeitpunkt jahrhundertelang mündlich überliefert worden war. Die Geschichte geht folgendermaßen:

Vor langer, langer Zeit lebte ein König, der ein großes und mächtiges Reich hatte. Eines Tages zog einer seiner Jäger in den Wald, um Wild zu erlegen, aber als es Abend wurde, war der Jäger nicht zurückgekehrt. Am nächsten Tag schickte der König drei weitere Jäger los, aber auch sie kehrten nicht wieder zurück. Am dritten Tag schickte der König alle seine Leute mit Stöcken und Hunden in den Wald, damit sie herausfinden, was dort vor sich ging. Aber der Abend brach herein, und keiner von den Männern wurde jemals wieder gesehen. Einige Jahre vergingen, und niemand wagte es mehr, in den Wald zu gehen. Flüsternd sprachen die Menschen über den Fluch, der darüber hing.

Eines Tages erschien ein junger Jäger am Tor des Schlosses. Er wollte den König sprechen und fragte ihn, ob er nicht etwas für ihn tun könne, am liebsten etwas Gefährliches. Der König sah ihn an und erzählte ihm die Geschichte von dem Wald. Obwohl der König ihm abriet, dorthin zu gehen, beschloß der Jäger, sein Glück zu versuchen. Er zog in den Wald und nahm als Begleiter nur seinen Hund mit sowie eine Flöte.

Er ließ sich durch seinen Hund leiten, und so kamen sie nach und nach immer tiefer in den Wald. Ein Weg war kaum noch zu erkennen, und die Zweige der Bäume schlossen sich über seinem Kopf. Als er sich einen Weg durch den dichten Wald bahnte, gelangte er plötzlich an ein dunkles Schlammloch. Sein Hund schnupperte gerade an dem trüben Wasser, als ein behaarter Arm aus dem Morast auftauchte und das Tier hinunterzog. Der Jäger, der seinen Hund sehr liebte, geriet nicht in Panik, sondern ging zum Schloß zurück. Dort trommelte er einige Männer zusammen, stattete sie mit Eimern aus und nahm sie mit zu dem Teich. Zusammen schöpften sie Eimer für Eimer den Teich im Wald leer. Als sie beinahe auf dem Grund angekommen waren, fanden sie einen riesigen Mann, der vom Scheitel bis zur Sohle mit rotbraunem Haar bedeckt war.

Sie nahmen Eisenhans, denn so hieß der Riese, mit zum Schloß, wo er in einen Käfig gesperrt wurde.

Eines Tages spielte der kleine Sohn des Königs im Innenhof mit seiner goldenen Kugel. Wie der Zufall es so wollte, rollte der Ball am Käfig entlang, woraufhin der Wilde Mann seinen behaarten Arm ausstreckte und den Ball ergriff. Der Junge, der ungefähr sieben oder acht Jahre alt war, lief zum Käfig und fragte den Wilden Mann: »Kann ich bitte meine goldene Kugel wiederhaben?« Der Wilde Mann antwortete: »Du kannst deine goldene Kugel wiederhaben, wenn du mich aus dem Käfig läßt.« Der junge Prinz erschrak und rannte weg. Sein Vater hatte bei Todesstrafe verboten, den Käfig zu öffnen. Aber er konnte in der Nacht nicht schlafen und wälzte sich in seinem Bett. Am nächsten Tag ging er wieder zum Wilden Mann und fragte noch einmal: »Wilder Mann, kann ich bitte meine goldene Kugel wiederhaben?« aber der Wilde Mann antwortete abermals: »Du kannst deine goldene Kugel wiederhaben, wenn du mich aus dem Käfig läßt.« Wieder lief der Junge weg, aber am dritten Tag kam er zurück und sagte: »Wilder Mann, ich will dich wohl herauslassen, aber ich weiß nicht, wo der Schlüssel liegt.« »Das kann ich dir sagen«, sagte der Wilde Mann: »Der Schlüssel liegt unter dem Kopfkissen deiner Mutter.«

Eines Tages, als der König und die Königin nicht zu Hause waren, schlich der Prinz in das Schlafzimmer seiner Eltern und holte den Schlüssel unter dem Kopfkissen seiner Mutter hervor. Er ging in den Hof zurück und öffnete die Tür des Käfigs. Dabei verletzte er sich am Zeigefinger. Der Wilde Mann kam heraus und wollte gerade mit großen Schritten in den Wald zurückgehen, als der Junge ganz erschreckt rief: »Wilder Mann, hilf mir, wenn meine Eltern entdecken, was ich getan habe, bringen Sie mich um!« Der Wilde Mann blickte zum Jungen zurück und bekam Mitleid mit ihm.

»Das einzige, was du tun kannst, ist, mit mir zu kommen, aber dann mußt du dir darüber im klaren sein, daß du deine Eltern niemals wiedersehen wirst.« Mit diesen Worten nahm er den Jungen hoch, setzte ihn auf seine Schultern und ging mit ihm in den Wald.

Der Junge blieb eine Zeitlang im Wald bei dem Wilden Mann und lernte die Geheimnisse der Natur kennen. Eines

Tages erhielt er den Auftrag, an einem goldenen Brunnen zu sitzen und dafür zu sorgen, daß nichts hineinfiel. Während er da saß, begann sein Zeigefinger, den er beim Öffnen des Käfigs verletzt hatte, zu schmerzen. Unwillkürlich steckte er den Finger in das Wasser. Als er ihn wieder herausholte, erschrak er: Der Finger war vergoldet! Der junge Prinz versuchte, das Gold abzuwischen, aber es gelang ihm nicht. Am Abend kam der Wilde Mann zum Brunnen und sah den Jungen verärgert an. »Du hast den Brunnen beschmutzt. Sorge dafür, daß das nicht wieder passiert.« Als der Junge am nächsten Tag wieder beim Brunnen saß und sich bemühte, nichts hineinfallen zu lassen, löste sich eines seiner Haare und schwebte hinab. Der Junge versuchte noch, es aufzufangen, aber es war zu spät. Das Haar war zu Gold geworden. Als am Abend der Wilde Mann kam, sagte er: »Du hast zum zweiten Mal den Brunnen beschmutzt. Du bekommst noch eine dritte Chance, sorge dafür, daß nichts in den Brunnen fällt.« So saß der Prinz am dritten Tag am goldenen Brunnen. Die Zeit verstrich, und der Prinz geriet mehr und mehr in den Bann des goldenen Spiegelbilds, das ihm das Wasser zurückwarf. Er beugte sich vor, um besser sehen zu können, als plötzlich alle seine langen Haare vornüber ins Wasser fielen.

Der Prinz versuchte, seine goldenen Haare unter einem Taschentuch zu verbergen, aber das Schlimme war geschehen. Als der Wilde Mann abends zurückkam, sagte er zu dem Jungen: »Du kannst hier nicht länger bleiben. Du mußt erst lernen, was schwere Arbeit und Armut bedeuten. Aber eins sollst du wissen: Solltest du jemals meine Hilfe benötigen, komm an den Waldrand und ruf meinen Namen.« Und so zog der Junge allein in die Welt.

Als er eine Zeitlang unterwegs gewesen war, kam er an ein Schloß. Weil er kein Handwerk gelernt hatte, wurde ihm in der Küche des Schlosses Arbeit zugewiesen. Da mußte er die niedrigsten Dienste leisten: den Boden schrubben, die Asche wegfegen und Feuer machen. Eines Tages, als ein Lakai fehlte, bat ihn der Koch, eine Schüssel mit Wild zum König zu bringen. Der Prinz trug die Schüssel auf, aber der König rief: »Warum hast du ein Tuch um den Kopf?« Der Prinz, der sich für seine goldenen Haare schämte, stotterte: »Ich habe die Krätze, Herr.« Der Koch wurde herbeigerufen und gefragt, warum er Bedienstete mit Krätze in der Küche arbeiten ließ. Der Prinz wurde weggeschickt, aber der Koch hatte Mitleid mit dem Jungen und tauschte ihn gegen den Gartenjungen aus.

So geschah es, daß der Prinz im Garten arbeitete, und auch hier mußte er die niedersten Dienste verrichten: Unkraut jäten, Blätter harken und Abfall verbrennen. An einem schönen, warmen Tag, als der Prinz gerade im Garten arbeitete und sein Kopftuch abgelegt hatte, saß die Tochter des Königs im Fenster. Sie sah das goldene Glitzern seiner Haare und befahl, den Gartenjungen mit einem Strauß Blumen zu ihr zu schicken.

Als der Junge mit einem Strauß wilder Blumen auf dem Weg zur Prinzessin war, begegnete er dem Gärtner. »Einer Prinzessin darfst du keine wilden Blumen überreichen, sondern du mußt ihr Rosen bringen«, sagte der Gärtner. »Ich weiß, was ich tue«, sagte der Prinz und ging weiter. Als er bei der Prinzessin angekommen war und ihr die Blumen gegeben hatte, sagte die Prinzessin: »Bitte nimm dein Kopftuch ab, du stehst einer Prinzessin gegenüber.« »Nein«, sagte der Prinz, »ich nehme mein Kopftuch nicht ab.« Die Prinzessin gab ihm drei Goldstücke, und der Junge ging wieder weg. Die Goldstücke gab er dem Sohn des Gärtners.

Am nächsten Tag rief die Prinzessin den Jungen wieder zu sich, damit er ihr Blumen bringe, und als sie ihm wieder drei Goldstücke gab, versuchte sie, ihm das Kopftuch herunterzuziehen. Aber der Prinz hielt es mit beiden Händen fest und lief davon. Am dritten Tag wiederholte sich die Geschichte: Der Prinz ließ sein Haar nicht sehen und gab die Goldstücke wieder dem Sohn des Gärtners.

Zu dieser Zeit brach in dem Land Krieg aus. Der Feind stand

schon an den Grenzen des Reiches. Der König war mit seinen ganzen Männern in den Kampf gezogen, und der junge Prinz wollte auch mit. Er ging zu den Ställen und bat um ein Pferd, aber die Stallknechte lachten ihn aus. Ein Gartenjunge, der auf einem Pferd in den Krieg ziehen wollte ...! Sie zeigten auf ein lahmes Pony und sagten: »Hier, nimm doch dieses.«

Der Prinz ritt auf dem lahmen Pony an den Waldrand und rief den Wilden Mann. Sofort erschien Eisenhans zwischen den Bäumen und fragte, was er für ihn tun könne. »Ich möchte gerne in den Kampf ziehen und brauche eine Rüstung und ein Pferd.« »Das sollst du haben«, sagte Eisenhans, »und noch mehr: Ein ganzes Heer steht dir zur Verfügung.« Bei diesen Worten erschien am Waldrand ein ganzes Heer. Der Prinz traf auf dem Schlachtfeld ein, als der König gerade am Verlieren war. Die Streitmacht des Prinzen griff an und besiegte den Feind bis auf den letzten Mann. Nach dem Sieg ritt der Prinz zum Wald zurück und tauschte sein Heer wieder gegen das lahme Pony.

Als der König zurückgekehrt war, fragte seine Tochter, wie die Schlacht verlaufen sei. Der König erzählte von dem fremden Ritter, der ihm geholfen habe. Sie beschlossen, ein Turnier zu veranstalten, in der Hoffnung, dadurch den fremden Ritter anzulocken.

Der Prinz hörte von dem Turnier und ging wieder an den Waldrand. »Ich brauche ein Pferd und eine Rüstung für das Turnier«, sagte der Prinz zum Wilden Mann. Der Wilde Mann gab ihm ein schwarzes Pferd und eine schwarze Rüstung. In dem Moment, als das Turnier begann, kam der Prinz angaloppiert. Er fing den goldenen Apfel, den die Prinzessin in die Luft geworfen hatte, und verschwand damit sofort im Wald. Am zweiten Tag des Turniers kam der Prinz auf einem rotbraunen Pferd mit einer roten Rüstung, und abermals fing er den goldenen Apfel. Als er wieder gleich umkehrte, beschloß der König, es beim dritten Mal anders anzugehen. Er stellte eine Gruppe von Männern *bereit, die den fremden Ritter aufhalten sollten. Am dritten Tag erschien der Prinz auf einem weißen Pferd mit einer weißen Rüstung. Als er den goldenen Apfel gefangen hatte und davonreiten wollte, schickte der König die Männer hinter ihm her. Sie konnten ihn nicht einholen, aber einem von ihnen gelang es, den Prinzen an der Ferse zu verletzen. Durch den Stoß fiel dem Prinzen der Helm herunter, und die Männer sahen seine goldenen Haare.*

Mit dieser Geschichte kehrten die Männer zum König zurück. Der Prinzessin ging plötzlich ein Licht auf, und sie riet ihrem Vater, den Gartenjungen holen zu lassen. Als der Junge vor dem König erschien, nahm er sein Kopftuch ab und zeigte ihm die drei goldenen Äpfel. »Ich war tatsächlich der Ritter, der Euch im Kampf geholfen hat«, sagte er und erzählte anschließend seine ganze Geschichte. Der König wußte nicht, wie er ihm danken sollte, und sagte: »Du darfst um alles bitten, was du möchtest.« Der Junge sah die Prinzessin an und sagte: »Ich möchte gerne Eure Tochter zur Frau.«

Die Prinzessin stimmte zu, und einige Tage später fand die Hochzeit statt. Die Eltern des Prinzen wurden eingeladen und waren überglücklich zu erfahren, daß ihr Sohn noch lebte. Auf dem Höhepunkt des Festes öffneten sich plötzlich die Türen des Ballsaals. Ein riesiger König trat herein, hinter ihm ein großes Gefolge. Er kniete vor dem Prinzen nieder und sagte: »Ich war der Wilde Mann. Vor Jahrhunderten wurde ich verflucht und landete in dem Wald. Durch dich ist der Fluch von mir genommen, und ich bin wieder König. Fortan sollen alle meine Schätze und mein Gold dir gehören.«

Initiationen und Rituale

In der Geschichte vom Wilden Mann wird die Initiation vom Jungen zum Mann in ihren verschiedenen Phasen beschrieben. Die einzelnen Schritte, die dabei eine Rolle spielen, wie das

Stehlen des Schlüssels unter dem Kopfkissen der Mutter, das Verlassen der Eltern, die Prüfung am goldenen Brunnen und die Arbeit in der Küche spiegeln die psychischen Phasen wider, die ein Mann in seiner Entwicklung zum Erwachsenen durchläuft. In Robert Blys Buch *Eisenhans* werden die einzelnen Schritte ausführlich erläutert.[42] In diesem Kapitel will ich einige Aspekte der Geschichte aus der Perspektive des erwähnten Buches erläutern.

Als erstes ist der hohe Stellenwert der Initiation als solcher zu nennen sowie die Rolle des Mentors. Eine Initiation, oder eigentlich eine Reihe von Initiationen, bringt den Mann mit seiner inneren Quelle des Lebens in Verbindung. Tief verborgen im Wald seines Unbewußten liegen der Ursprung des Lebens und die Verbindung zu seiner Seele. Die Kunst besteht darin, den Kontakt zu der Quelle aufrechtzuerhalten und gleichzeitig in die Welt hinauszuziehen. Richard Rohr beschreibt in seinem Buch *Der wilde Mann* die Geschichte als die Verbindung zweier Reisen.[43] Die erste Reise führt nach innen, zum Kern, als der Mann dem Hund folgt und den Teich leerschöpft. Auch der Weg des jungen Prinzen in den Wald steht für diese Reise. Die zweite Reise führt nach außen, in die Welt, wo der Prinz den Kampf mit dem Gegner aufnimmt und das Herz der Prinzessin erobert. Erst als er auch das letzte Stück des Weges zurückgelegt hat, erreicht er sein eigentliches Ziel: die innere Hochzeit zwischen dem Männlichen und dem Weiblichen und die Rückkehr des Wilden Mannes als König.

In unserer Zeit gibt es keine echten Initiationen mehr. Wir besitzen nur noch ein paar dürftige Überbleibsel solcher Übergangsriten in Gestalt von Aufnahmeritualen, wie sie etwa Studentenverbindungen und Militär kennen: »Die Armee macht aus dir einen Mann.« Aber genauso, wie die meisten Rituale in unserer Gesellschaft oberflächlich und hohl geworden sind, ist auch hier jeder tiefere Sinn verlorengegangen. Das Ritual ist eine Form ohne Inhalt geworden. Von rituellen Augenblicken wie Heirat, Geburt, Sterben, der ersten sexuellen Erfahrung und ähnlichem ist oft nicht mehr übrig als eine Zeremonie, in der die äußerlichen Strukturen und Regeln vorherrschen. Für Gefühle oder das tiefere Erleben einer derart einschneidenden Erfahrung ist oft kaum noch Platz. Wir fühlen uns dadurch häufig verunsichert. Die Trauer bei einer Beerdigung, die Rührung bei einer Hochzeitsfeier oder der Zauber bei einer Geburt sind Empfindungen, die weit außerhalb des Alltagslebens liegen, so daß wir uns ihnen nur schwer hingeben wollen. Wir »schlucken sie herunter«, manchmal buchstäblich, indem wir Pillen nehmen, bevor wir zu einem derart gefühlsbetonten Ereignis gehen. Moore und Gillette stellen in ihrem Buch *König, Krieger, Magier, Liebhaber* fest: »In der Loslösung vom Ritual haben wir uns von Prozessen abgewandt, durch die Männer wie Frauen in tiefgreifender, gereifter und das Leben bereichernder Weise ihre Geschlechtsidentität erlangten.«[44]

Vom Jungen zum Mann

Früher war die Initiation einer der wichtigsten Schritte im Leben eines Mannes. Das Ritual stand symbolisch für die Lebensphasen, die den Jungen erwarteten. Er mußte das warme, sichere Nest verlassen und sich von seiner Familie oder seinem Clan lösen; kurz: er mußte die Welt seiner Mutter loslassen, die Welt, die ihn bis dahin beschützt, die ihn versorgt und verhätschelt hatte. Die Zeit des Kindseins war vorbei, und es warteten Aufgaben und Pflichten.

Die Mütter kreischten und schrien, wenn ihr Sohn von den Männern geholt wurde, um der Trennung noch eine zusätzliche Dimension zu verleihen. Sie wußten ja, daß ihre Söhne nicht länger zu Hause bleiben konnten.

Offenbar müssen wir von unseren inneren Elternbildern Abschied nehmen, wenn wir weiter heranreifen wollen. Das ist der Kern der Pubertätsriten, die aus einem Jungen einen Mann machen. Dadurch, daß diese Übergangsphase in der abendländischen Gesellschaft völlig fehlt, wird das Band zu den Eltern oft viel zu lange künstlich aufrechterhalten. Die Eltern fühlen sich weiterhin für ihre Kinder verantwortlich, und die Kinder bleiben von ihren Eltern abhängig. Familienbande werden ängstlich intakt gehalten, obwohl ihr Sinn schon lange nicht mehr spürbar ist. Khalil Gibran sagt den Eltern in seinem Buch *Der Prophet*: »Eure Kinder sind nicht eure Kinder. Sie sind die Söhne und Töchter der Sehnsucht des Lebens nach sich selbst. Sie kommen durch euch, aber nicht von euch, und obwohl sie mit euch sind, gehören sie euch doch nicht.«[45]

Die Eltern bringen das Kind zur Welt, ziehen es auf und begleiten es, bis der Zeitpunkt kommt, an dem es auf eigenen Beinen stehen kann. In dem Augenblick verändert sich die Beziehung, wie sich die Beziehung eines Lehrers zu einem Schüler verändert, sobald dieser seinen Abschluß gemacht hat. Die Rolle der Eltern endet hier, und damit auch ihre Verfügungsgewalt und die Forderungen, die sie an die Kinder stellen können. Die jungen Erwachsenen können dann ihre Rolle in dem größeren Gefüge sowie die dazugehörige Verantwortung übernehmen. Die Energie eines Mannes, die sich bis zu diesem Augenblick auf einer horizontalen Ebene in der Sehnsucht nach der Mutter geäußert hat, richtet sich zu einer vertikalen Energie auf, die Himmel und Erde miteinander verbinden kann. Sein Vater ist von nun an der Vater im Himmel und Mutter Erde seine Mutter. Das sind die universellen Eltern, denen er von nun an dient. Jugendliche, die nicht eingeweiht worden sind, werden selbst nach Wegen suchen müssen, um sich von den Eltern zu lösen. Sie werden sich absetzen, sich durch Aktivitäten und Verhaltensweisen abgrenzen, die ihre Eltern verabscheuen, und alles tun, was sich in den Augen ihrer Eltern oder der Gesellschaft »nicht gehört«.

Zahlreiche Jugendliche wirken heute wie Fremde in ihrer eigenen Gesellschaft. Sie wurden niemals in die Welt der Erwachsenen aufgenommen und wollen das vielleicht nicht einmal mehr. Sie haben sich ihre eigene Welt geschaffen, eine Welt mit eigenen Gesetzen und Normen, eine Welt, die außerhalb der Gemeinschaft steht.

Der Mentor

Um sich von seinen Eltern zu lösen, braucht ein junger Mann einen Mentor oder spirituellen Vater, einen Mann, der ihm hilft, seine eigene – von der seiner Eltern verschiedene – Identität zu finden. Im Märchen »Eisenhans« ist der Wilde Mann ein derartiger Mentor für den Königssohn. Obwohl er zunächst gefährlich und wild erscheint, erweist er sich als große Stütze für den jungen Prinzen. Er weiht ihn in die Geheimnisse der Natur ein und vermittelt ihm wichtiges Wissen für sein Leben. Er bringt ihn zu dem goldenen Brunnen, der tief im Wald verborgen ist, dem Brunnen, der das Lebenswasser enthält. Aber bevor der Junge ihn erblicken kann, muß er erst von seiner Jugend Abschied nehmen. »Du mußt wissen, daß du deine Eltern nie mehr wiedersehen wirst«, sagt der Wilde Mann, als er ihn mit in den Wald nimmt. Der Junge muß die beschützende Welt seiner Eltern verlassen und dem Unbekannten entgegentreten: der Finsternis seines Bewußtseins. Er muß sterben, um das Leben finden zu können.

Seine Angst vor dem Sterben kommt in einem Notruf zum Ausdruck, als der Wilde Mann aus dem Käfig klettert und in den Wald gehen will: »Wilder Mann, hilf mir, wenn meine Eltern entdecken, was ich getan habe, bringen sie mich um.« Wenn ein Mann mit dem Ruf seines Unbewußten konfrontiert wird, wird er zunächst erschrecken und vielleicht zurückweichen. Er wird nach äußeren Lösungen suchen, er wird anderen die Schuld geben, er wird Ausreden ersinnen, bis er bereit ist, die Schwelle zu überschreiten und in seine Innenwelt einzutreten. Er muß die Angst vor der unsichtbaren Welt in sich überwinden, einer Welt, die grenzenlos und unendlich ist, die von schmerzlichen Erinnerungen und verführerischen Zukunftsträumen bewohnt wird. Er hat diese Welt oft als Einbildung oder Phantasie abgetan, weil er nicht begreift, daß zwischen der Innen- und der Außenwelt eine wesentliche Verbindung besteht und daß das Unsichtbare nicht weniger wirklich ist als das Sichtbare. Aber um durch das Tor ins Unbewußte eintreten zu können, braucht er einen Mentor, der ihm die Grenze dieser inneren Unendlichkeit aufzeigt. Ein guter

Therapeut oder Initiator wird ihn hinein- und auch wieder herausführen können.

Aber so wie das größte Problem der Väter ihre häufige Abwesenheit ist, so verhält es sich auch mit den spirituellen Vätern: Es herrscht ein Mangel an Mentoren oder Initiatoren, an Männern, die für eine jüngere Generation Verantwortung zu tragen bereit sind, die Jugendlichen uneigennützig eine helfende Hand entgegenstrecken, sie begleiten, sie auf die Fallgruben des Lebens hinweisen und sie nicht aufgeben oder verstoßen, wenn sie gelegentlich Fehler begehen.

Wir haben Glück, wenn wir in unserer Jugend auf einen Trainer, einen Lehrer oder einen Vorgesetzten treffen, der gewisse Mentorqualitäten besitzt und uns Rückhalt gibt, der uns in sein jeweiliges Fachgebiet, aber, wichtiger noch, in die Geheimnisse des Lebens einweiht: Wie gehen wir mit Macht und Ohnmacht um? Wie können wir uns selbst in der Welt einbringen? Wie nähern wir uns am besten einer Frau, ohne uns selbst zu verlieren? Wie gehen wir mit unseren Aggressionen oder unserer Ohnmacht um? Wie können wir Fehlern ins Auge sehen, ohne unser Selbstwertgefühl zu verlieren? Wie gehen wir mit Konflikten um? Alles Fragen, denen wir auf unserem Lebensweg begegnen und auf die wir eine Antwort finden müssen. Ein guter »Coach« wird seinen Schutzbefohlenen an seine Kraft und seine Fähigkeiten heranführen und ihm über die Rolle, die er im Leben und in der Gesellschaft spielt, Klarheit verschaffen. Er wird sich auf den Jungen einstellen und ihm die Kenntnisse vermitteln, die er braucht. Ein wahrer Mentor ist wie ein König: Er segnet die Jungen und weist ihnen den Platz zu, der ihnen zukommt. Aber oft sehen wir, daß das Gegenteil geschieht. Anstatt den jungen Mann zu sehen, will der ältere Mann selbst gesehen werden. Anstatt ihn zu segnen, verflucht er ihn. Unsicher hinsichtlich seiner eigenen Rolle und Identität, wird er versuchen, den Jungen für seine Art, zu denken und zu handeln, zu gewinnen. Er wird ihn davon überzeugen wollen, daß sein Vorgehen das richtige und beste ist, und dem eigenen Weg des Jungen keinen Raum lassen. Anstatt zu lernen, seiner eigenen inneren

Autorität zu vertrauen, lernt der junge Mann in diesem Fall, einer äußeren Autorität zu gehorchen. Oft muß ein Arbeitnehmer im Austausch für sein Gehalt und seine Sicherheit seine eigene Macht aufgeben. Seine Macht wird der Autorität der Firma unterstellt, genauso wie es in der Armee oder der Kirche geschieht. Diese Organisationen werden meistens von bestimmten Dogmen oder Ideen regiert, wie »Gewinne erzielen«, »den Feind bekämpfen« oder »nach der Bibel leben«. Das Ziel der Organisation ist wichtiger als das Individuum. Abweichende Verhaltensweisen oder Gedanken werden meistens nicht sonderlich geschätzt, weil sie die »Einheit« und die Ordnung stören. Der Maler und Grafiker Friedensreich Hundertwasser vergleicht Soldaten mit gesichtslosen Angestellten in anonymen internationalen Gesellschaften, die an keine Autorität gebunden sind und niemals für etwas verantwortlich gemacht werden können: »Ich habe nichts getan, ich habe nur Befehle ausgeführt.«

Der Mentor hingegen bringt dem Jungen bei, wie ein Krieger zu kämpfen, und zeigt ihm den Unterschied zwischen dem falschen und dem wahren König. In der *Star Wars*-Trilogie ist es Obi Wan Kenobi, ein weiser alter Mann, der Luke Skywalker die ersten Lehren erteilt, die ihn zu einem echten Krieger machen sollen, einem Jedi. Luke wird einige Male dazu verleitet, sich auf die Seite des Darth Vader zu schlagen, aber Obi Wan zeigt ihm den Unterschied zwischen der Macht, wie sie sein Vater einsetzt, und der wahren inneren Kraft. Als Luke in einem Schneesturm beinahe erfriert, erscheint ihm Obi Wan in einer Vision und rät ihm, auf die Suche nach Yoda zu gehen, dem letzten Meister der Jedi.

Auf einem Planeten voller Moraste und dunkler Wälder findet Luke Yoda, einen unansehnlichen kleinen Mann mit großen Ohren und Glupschaugen. Die Ähnlichkeit mit dem finsteren Waldtümpel, in dem der Wilde Mann haust, ist auffallend. Beide Gestalten wirken anders, als sie sind. Der Wilde Mann scheint zunächst gefährlich und verrückt zu sein; Yoda erscheint als clownesker Zwerg, der seine Nase in alles hineinsteckt.

Mit seinem Verhalten stellt er die Geduld und das Durchsetzungsvermögen von Luke auf die Probe. Der möchte mit dem

Zwerg nichts zu tun haben. Auch in dem Märchen »Das Wasser des Lebens« ist es ein Zwerg, der dem Königssohn den entscheidenden Hinweis gibt. Offenbar ist es oft das Kleine, das Unansehnliche, das Scheußliche und nicht das Große und Erfolgreiche, was uns im Leben den richtigen Weg weist. Oft gehen wir daran vorbei, weil wir seinen wahren Wert nicht erkennen. Es kann eine Krankheit sein oder ein kleines Ereignis, dem wir keine Bedeutung beimessen, oder es ist die sanfte Stimme der Intuition, die wir auf der Suche nach dem großen Glück überhören.

Der Mentor lehrt den Einzuweihenden Demut und Achtung gegenüber dem Kleinen und Unscheinbaren, weil darin die Kraft verborgen liegt.

In den Büchern von Carlos Castaneda ist es der Yaqui-Indianer Don Juan, der Castaneda in die unsichtbaren Kräfte des Daseins einweiht.[46] Don Juan ist ein *brujo*, ein »Medizinmann«, der die Gesetze der Natur kennt und sie beherrscht. Von ihm lernt Castaneda, auf die Zeichen des Unbewußten zu achten, die sich in der Welt oft in Gestalt eines Tieres oder einer Situation manifestieren und ihn auf etwas Bestimmtes hinweisen wollen. Zusammen mit seinem Meister zieht Castaneda regelmäßig in die Wüsten von Arizona, um Neues zu lernen.

Eine weitere bekannte Mentorgestalt ist Merlin, der Magier und Berater von König Artus. Merlin nimmt Artus direkt nach seiner Geburt mit, um ihn weit vom Hof entfernt aufzuziehen. Er bringt ihn bei Uther Pendragon, einem Lehnsmann seines Vaters, unter. Dort wächst der Junge mit den Söhnen der Familie auf und lernt die Grundlagen des Rittertums. Aber in seinen freien Stunden besucht er Merlin, der als Eremit in der Nähe lebt, wie es Mary Stewart in ihrer Trilogie über Merlin beschreibt.[47] Er lernt von Merlin den Kontakt mit den Bäumen, Tieren und anderen Geistern der Natur.

Vom Himmelsgott zum Gott der Erde

Ein Initiator oder Schamane führt seinen Schüler vom Himmel zur Erde. Wie eine zweite Mutter trägt er die Verantwortung für den Mann, bis dieser bereit ist, ein zweites Mal geboren zu werden. Indem seine Identität, die er anhand der Normen und Werte seiner Eltern und seiner Gesellschaft errichtet hat, stirbt, findet er seinen wahren Kern, seine innere Autorität.

Ein Mann muß also nicht empor-, sondern hinabsteigen, um seine wahre Kraft zu finden. Wenn ein Mann immer nur aufsteigt, gerät er in den Bann des Himmelsgottes. Er ordnet sein Leben abstrakten Prinzipien, Normen und Werten unter. Er hat feste Vorstellungen von der Zusammensetzung der Welt und ist davon überzeugt, daß diese Vorstellungen für alle gelten. Er stellt Gesetze auf und richtet Wissenschaften ein, die »objektiv«, wiederholbar und logisch sind. Er ist sich nicht bewußt, welchen Einfluß er auf sein eigenes Bild der Wirklichkeit hat. Ein »Himmelsmann« lebt im Kopf. Er kommt völlig durcheinander, wenn er etwas nicht versteht, und versucht stets, für alles eine Erklärung zu finden. Den Zauber und die Magie des Lebens versucht er in seine Verstandeswelt zu integrieren. Seine Gedanken sind sein Rückhalt und sein Maßstab in der Welt.

Ein Himmelsmann fühlt sich als etwas Besonderes. Er ist aufgrund seiner Ideen über das normale alltägliche Leben erhaben, und in seinen Gedanken dreht sich die Welt um ihn. Die Arbeit, die er macht, muß sinnvoll sein und einen Beitrag für die Zukunft leisten.

Durch die Initiation wird ein Mann in bestimmter Hinsicht wieder normal. Er hält sich nicht mehr für etwas Besonderes, er ist aber sehr wohl einzigartig. Er kennt seine Kraft und seine Verletzlichkeit. Nicht nur, *was* er tut, sondern auch *wie* er etwas tut, ist für ihn wichtig. Er wird die einfachste Arbeit mit Liebe und Aufmerksamkeit ausführen, ohne daß seine Anstrengungen in der Welt zu großen Umwälzungen führen. Er tut, was getan werden muß, ohne auf den Ruhm oder den Erfolg zu achten, der damit zu erzielen ist. Er sieht den Wert der alltäglichen, dienenden, niederen Arbeit, weil sie ihn mit der Erde in Kontakt bringt und ihm Kraft gibt. Und gerade weil er den Wert des Dienens kennt, lernt er, was wirkliches Führen bedeutet: nicht Befehlen, Predigen oder Ermahnen, sondern Vorbildsein.

Viele Männer in unserer Gesellschaft befinden sich auf diesem Weg nach unten. Sie machen den Abstieg in aller Stille; in der Öffentlichkeit ist von dieser Bewegung kaum etwas wahrzunehmen. Es ist ein schmerzvoller Weg, der oft durch Krankheit, Kündigung oder Ehescheidung erzwungen worden ist. Während die Frau gerade auf dem Weg nach oben und nach draußen immer deutlicher zu hören ist, geht die Bewegung des Mannes nach unten und nach innen. Er begibt sich in das unsichtbare Terrain der Seele. Durch diese gegenläufige Bewegung sieht es aus, als ob Frauen heutzutage vorangingen, weil sie viel häufiger anwesend sind. Aber beide Geschlechter machen in Wirklichkeit ihre Arbeit, und der Weg des Mannes ist anders als der Weg der Frau. Die Frau hat gegenwärtig viel zu gewinnen; sie nimmt die Macht, die ihr genommen worden war, Stück für Stück wieder in die Hand. Männer haben dagegen viel zu verlieren. Ihre Position, ihre Macht, ihr Status, ihr Geld, ihr Ehrgefühl und ihr Wert als Mann liegen unter Beschuß. Erst werden sie sterben müssen, um neu geboren werden zu können. Der Prozeß der Initiation ist unsichtbar, aber er wirkt und ist nicht mehr aufzuhalten.

Die Verehrung des Phallus

Im Altertum wurde der Wilde Mann mit dem Phallus assoziiert. Einer Abbildung des Wilden Mannes mit Phallus begegnen wir in Dorset an einem Abhang, wo eine Hügelzeichnung von ungefähr 90 m Höhe zu sehen ist, Überbleibsel aus einer lange zurückliegenden Zeit. Die Figur wird »der Riese von Cerne Abbas« genannt, und sein Phallus ist mehr als zwei Meter lang. Der Legende nach soll eine Übernachtung in dem Phallus die Fruchtbarkeit steigern und kinderlosen Ehepaaren zu Nachkommen verhelfen.

Obwohl der Phallus heutzutage oft ausschließlich in sexuellem Kontext gesehen wird, steht er für mehr als nur Lust und Sexualität. Der Phallus ist das spirituelle Symbol für Männlichkeit.[48] Er repräsentiert Fruchtbarkeit und Lebenskraft auf vielen Ebenen: Fruchtbarkeit bei der Fortpflanzung, aber auch geistige Fruchtbarkeit, Vitalität und Tatkraft. Ein in Pompeji aufgefundener Altarstein trägt das Phallussymbol und die Inschrift: »*Hic habitat felicitas* – Hier wohnt das Glück.« Die Tatsache, daß es sich bei diesem Stein um einen Altar handelt, belegt die Verbundenheit zwischen der männlichen sexuellen Lebensenergie und einer religiösen Erfahrung.

Der Phallus symbolisiert zwei Seiten der männlichen Energie. Der Penis ist der Teil, der für die Lust steht, die nach außen gerichtete Energie, die Hoden stehen für die Fruchtbarkeit, die erhaltende Energie. Der Penis ist auf das Eindringen und Befruchten ausgerichtet, aber symbolisch repräsentiert er auch den Mann, der allein in der Welt steht. Das Wort »Mann« geht auf eine indogermanische Wurzel mit der Bedeutung »aufragen« oder »vereinzelt stehen« zurück und verweist auf die männliche Energie, die frei von Konventionen, Strukturen oder Dogmen sein kann. Diese Idee finden wir im archetypischen Bild des »Camel-Mannes« wieder, der seinen Weg durch den Dschungel allein findet.

Die Hoden des Mannes symbolisieren genau das Gegenteil: seine Verbindung mit der Gemeinschaft, in der er lebt, und mit der Erde, der er entstammt. Das ist der Kreis der Verbundenheit mit dem ihn umgebenden Leben. Ohne diese Verbundenheit sind seine Handlungen fruchtlos und leer. Wenn sich männliche Energie von der Erde löst und aufsteigt, verliert sie ihre Grundlage und Kraftquelle. Das ist dann die dominante Form der Männlichkeit, die sich in Überlegenheitsgefühlen und Hochmut äußert und sich nach außen hin in Wolkenkratzern konkretisiert sowie in großartigen Projekten, die wenig Grundlage haben und bei denen die Erde oder die unteren Bevölkerungsschichten oft mißbraucht werden. Männliche Energie hingegen, die geerdet ist, ist nicht destruktiv oder hochmütig, sondern konstruktiv und nutzbringend. Sie ist eine lebensspendende Kraft, die zum Wohle der Gemeinschaft eingesetzt werden kann.

C.G. Jung berichtet in seiner Autobiographie über den ersten Traum, an den er sich erinnern kann und der ihn während seines ganzen späteren Lebens beschäftigte. In seinem Traum sah er in einer Erdhöhle einen riesigen Phallus mit einem lichtstrahlenden Auge an der Spitze auf einem Thron sitzen.[49]

Das Auge auf dem Phallus, aus dem Licht dringt, weist auf die Herkunft des Wortes »Phallus«: *Phalós* bedeutet auf griechisch »leuchtend« oder »glänzend«.

Es scheint eine deutliche Verbindung zwischen diesem frühen Traum und der Tatsache zu geben, daß sein weiteres Leben der »Selbstverwirklichung des Unbewußten« – wie Jung es in seiner Autobiographie nennt – gewidmet gewesen ist. Die archetypische männliche Energie, symbolisiert durch den Phallus, ermöglicht den Zugang zur Weisheit der Erde und der Geheimsprache der Mythen und Symbole. Sie ist das Tor zum Unbewußten, dem Reichtum und den Schätzen, die dort verborgen liegen.

Der Tod

Der goldene Brunnen, der Gral, der Phönix, der *lapis occultus* oder verborgene Stein, der Lebensbaum, das Lebenswasser, der lichtgebende Phallus; das sind alles Bilder und Metaphern für ein und dieselbe Energie, die das Geheimnis des Lebens enthält. Der Weg dorthin ist schwierig und voller Illusionen. Offenbar muß ein Mensch erst sterben, bevor er erneut den Garten Eden betreten kann, um von der göttlichen Ewigkeit zu kosten. Bei einigen Initiationen wird der Einzuweihende einen Tag und eine Nacht lang begraben oder verbringt einige Tage in einem Erdloch. Die mittelalterlichen Katharer verbrachten zum Abschluß ihrer sehr strengen und schlichten Einweihung eine Zeit in einer Höhle in den Bergen.

Der Aufenthalt in der Erde symbolisiert den Tod, das Wiederaufgenommenwerden in der Dunkelheit des Nichts, das Sterben des Ego. Danach kann das wirkliche Selbst leben. »*Visita interi-*

ora terrae«, sagten die Alchemisten. »*Rectificando invenies occultum lapidem* – Suche das Eingeweide der Erde auf; durch Läuterung wirst du den verborgenen Stein finden.«

Die 13. Karte im Tarot ist der Tod. Im begleitenden Text von Gerd Ziegler werden die zwei Aspekte des Todes erläutert:»Vernichtung und Entreißen einerseits und Befreiung aus den beengenden Fesseln des Alten andererseits. Welches von beiden hauptsächlich erfahren wird, hängt von der Haltung des Betreffenden ab. Jedes Festhalten-Wollen, jedes Anklammern an alte Bindungen läßt das Sterben um so qualvoller erscheinen. ›Sich fallen lassen! Hatte man das einmal getan, hatte man einmal auf alle Stützen und jeden festen Boden unter sich verzichtet, hörte man ganz und gar nur noch auf den Führer im eigenen Herzen, dann war alles gewonnen, dann war alles gut, keine Angst mehr, keine Gefahr mehr.‹ «[50]

Hinter dem Tod liegt die Liebe, das Leben in seiner wahren Gestalt. Aber wie schwierig ist es zu sterben! Wir durchstehen Todesängste, wenn wir damit konfrontiert werden, etwas loslassen zu müssen, was wir gehegt und gepflegt haben. Oft sind es alte Überzeugungen, an denen wir festhalten, weil sie uns einmal geholfen haben zu überleben. Nun sind sie alt und verbraucht und erfüllen schon lange nicht mehr ihren Zweck, im Gegenteil, sie verhindern geradezu, daß wir vollständig leben. Dabei kann es sich um die Vorstellung handeln, daß wir »uns benehmen« müssen oder daß wir um alles kämpfen müssen, was wir haben wollen; daß das Leben einsam ist oder daß wir dem anderen Geschlecht nicht vertrauen können und daß wir niemals eine befriedigende Beziehung erreichen werden. Es kann auch sein, daß wir uns selbst nicht genug achten oder lieben und deshalb in Situationen geraten, die uns das widerspiegeln.

Der symbolische Tod hat nichts mit dem körperlichen Tod zu tun. Beide werden manchmal miteinander verwechselt, was verheerende Folgen haben kann. Erst vor kurzem gab es zwei abschreckende Beispiele dafür: Die Sonnentempler in Frankreich und die Sekte der »Höchsten Wahrheit« in Japan. Mitglieder dieser Sekten begingen kollektiven Selbstmord oder töteten sich gegenseitig, weil sie in der Annahme lebten, daß der physische Tod die Erlösung bringe.

Nicht der Körper, sondern das Ego, unsere beschränkte Vorstellung von uns selbst, muß sterben, damit wir aus unserer wahren Seele heraus leben können. Das ist die Geschichte des mythischen Phönix, der einmal alle 500 Jahre verbrennt, um danach aus der Asche des Todes neu emporsteigen zu können.

An der Schwelle eines neuen Jahrtausends

Es hat einen Grund, daß es in unserer Zeit keine Initiationen mehr gibt. Wir befinden uns nämlich an der Schwelle zu einer Art Mega-Initiation, einer Initiation auf universeller Ebene. Alle anderen Formen von Initiation oder Strukturierung verlieren dabei jegliche Bedeutung.

Zahlreiche Schöpfungsgeschichten aus der ganzen Welt beschreiben diesen Übergang, bei dem die Welt ins absolute Nichts zurückfällt, um neu geboren zu werden.[51] In der Bibel ist das z.B. die Apokalypse, die Katastrophe, die die Erde ereilt, bevor das Reich Gottes auf Erden kommen wird. Die Hopi-Indianer sprechen von dem Übergang von der dritten zur vierten Welt, bei dem die dritte Welt durch Feuer vernichtet werden wird. Der Prophet Nostradamus sagte vorher, daß am Ende des Jahrtausends große Kriege der bestehenden Welt ein Ende machen werden, um Platz zu schaffen für das tausendjährige Friedensreich. Viele Weise und Seher gelangen heutzutage zu derselben Überzeugung und raten den Menschen, sich vorzubereiten.

So sagt der indische Heilige Babaji: »Ich habe euch schon verschiedentlich gesagt, daß die schweren Zeiten ganz nahe sind. Erwacht! Richtet euch auf! Geht zu den Weisen, und laßt sie euch lehren! Ihr alle müßt euch vereinen, um dem kommenden Unheil zu begegnen.«[52]

Wir befinden uns an der Schwelle zu dieser großen Verwandlung, und das ruft unbeschreiblich viel Angst, Schmerz und Verstörung hervor. Vertreter bestehender Strukturen tun ihr Möglichstes, um ihre Identität zu bewahren. Sie werden bis zur letzten Minute kämpfen und aus Angst davor, zu sterben und neu geboren zu werden, am Alten festhalten. Den Überlebenskampf des Alten sehen wir auf allen Gebieten des Welttheaters: in den Religionen, den Nationen, bei politischen Parteien, in Firmen, Familien, Behörden, Beziehungen und natürlich in uns selbst. Aber wir sehen auf der anderen Seite auch die Vorkämpfer des Neuen, diejenigen, die intuitiv spüren, was nötig ist, um den Prozeß des Loslassens und Sterbens stattfinden zu lassen.

Heutzutage werden viele ehemals heilige Kühe zur Disposition gestellt: die Familie als Eckpfeiler der Gesellschaft, die Ehe, der Glauben, die Autorität, die nationale Identität, die Sicherheit großer Betriebe, die Erde als Mittelpunkt des Universums.

Dafür werden wir im Gegenzug viel Neues bekommen, ein buntes Kaleidoskop von alternativen Formen des Zusammenlebens, sexuellen Präferenzen, sprituellen Interessen, verschiedenen Rassen, Hautfarben und Kulturen, von globalen Formen der Zusammenarbeit und vielleicht sogar von Kontakten zu außerirdischen Rassen.

Ilya Prigogine, Nobelpreisträger in Chemie, hat entdeckt, daß Gase erst zu einem größtmöglichen Chaos tendieren, bevor sie zu einer neuen, höheren Ordnung übergehen.[53] Ich glaube, daß gegenwärtig etwas Ähnliches in unserer Gesellschaft passiert. Das Chaos wird erst nach seiner extremen Form suchen, bevor sich eine neue Ordnung einstellen kann. Das alte hierarchische Modell, die feste Form, in der die Machtverhältnisse deutlich definiert sind, verschwindet allmählich. Die alten vertrauten Rollen, die wir jahrtausendelang gespielt haben, sind aus dem Drehbuch verschwunden. An ihre Stelle kommen ganz neue: Rollen, die wir erst noch kennenlernen müssen, die uns Mühe bereiten werden, weil sie uns unbekannt sind und gegen alle Normen und moralischen Richtlinien verstoßen, die bis jetzt für uns Gültigkeit hatten.

Nach und nach gleitet uns alles Vertraute aus den Fingern, bis wir an den Punkt gelangen, wo wir das Leben so akzeptieren können, wie es ist.

Von da aus wird sich eine neue Struktur manifestieren: eine

innere Struktur, eine innere Sicherheit, ein inneres Wissen darüber, was gut und was böse ist. Äußere Formen werden sich in ihrem wahren Wesen zeigen; nicht mehr in ihrer alten Aufmachung, in ihrer erstarrten Form, sondern als eine lebendige Wahrheit, eine Wahrheit, die fließt und gleichzeitig glasklar ist. Wir werden die Dinge mit unserem inneren Auge anschauen und nicht mehr nach ihrer äußeren Form beurteilen. Vom Herzen aus betrachtet, sieht die Welt völlig anders aus. Eine Beziehung zwischen zwei Männern oder zwei Frauen kann prachtvoll sein, weil wir Liebe sehen; ein Streit kann schön sein, weil wir Respekt und Brüderlichkeit erkennen; eine Ehe kann furchtbar sein, weil Schmerzen und Wut herrschen. Die Hingabe an die Religion kann dämonisch sein, weil Angst und Egoismus darin durchscheinen. Nichts ist so, wie es zu sein scheint. Alles ist so, wie es ist.

»In dem Maße, in dem ein Mensch ›sehen‹ lernt, das heißt ›bewußt‹ wird«, schreibt Gerd Ziegler, »ist er in der Lage, wirklich zu genießen. Befreit von allen moralischen Einschränkungen, wird er sich mit äußerster Sinnlichkeit den Genüssen der Erde hingeben, in jeder Erscheinung Ekstase entdecken, in allem das Göttliche schmecken, ohne festzuhalten oder sich zu verstricken.«[54]

Trauen Sie sich – lassen Sie sich fallen! Klammern Sie sich nicht an die Scheinsicherheiten des Lebens. Das einzig Sichere ist das Leben selbst. Wir Abendländer haben uns angewöhnt, unser Leben mit den verschiedensten Versicherungen und Sicherheiten zuzupflastern. Das kann hilfreich, kann aber auch tödlich sein. Wir werden träge und lahm, und das Leben verliert alle seine wahren Reize.

Haben Sie den Mut, »nein« zu sagen, wenn etwas nicht stimmt oder sich nicht gut anfühlt, haben Sie den Mut, aus den sozialen Normen auszubrechen. Wir müssen den Mut aufbringen, uns selbst wachzurütteln und Risiken einzugehen. Vertrauen ist das einzige, was zählt. Vertrauen Sie sich selbst, seien Sie stolz auf sich, und haben Sie den Mut, an den zu glauben, der Sie sind. Wenn Sie das tun, erschließt sich Ihnen eine andere Welt.

Wir haben gelernt, das alles *nicht* zu tun, und deshalb ist es auch nicht leicht. Sie können dabei Freunde verlieren, weil Sie einander nicht mehr verstehen; Sie können Konflikte verursachen, weil Sie gewisse Dinge nicht mehr akzeptieren; Sie können Regeln übertreten, aber seien Sie sich auch darüber im klaren, daß es noch andere Gesetze gibt: die Gesetze des Herzens, die Gesetze des Lebens und der Natur; Gesetze, die wir vergessen haben. Ich sage nicht, daß Sie brutal oder grob werden müssen (obwohl Aggressionen manchmal sehr gesund sind), aber trauen Sie sich, das Schwert Ihrer Wahrheit zu ergreifen und in der Sonne funkeln zu lassen.

Wir haben uns zu lange mit Dingen abgegeben, die nichts gebracht haben, mit endlosen Palavern, die zu nichts geführt haben, mit leblosen Plänen. Werfen Sie alles über Bord, reißen Sie die Fenster auf, und lassen Sie frischen Wind hereinwehen!

Und laßt uns einander geloben, daß wir den, der den Mumm hat, das zu tun, nicht angreifen oder aus dem Gleichgewicht bringen werden, nur weil wir selbst noch Angst vor der Veränderung haben. Niemand weiß, wie und wann etwas richtig ist und wohin es uns führt, aber wir wollen uns erlauben, zu suchen und Fehler zu machen. Das ist die einzige Art, zu lernen und weiterzukommen. In der Welt und im Bewußtsein der Menschen finden große Veränderungen statt. Laßt uns jeder seinen Teil dazu beitragen.

Visionen von Transformation

Als ich 1989 zu meinem ersten Männertreffen in Minneapolis unterwegs war, hatte ich eine Vision über die Veränderungen in unserer Zeit. Während ich im Auto saß, liefen folgende Bilder vor meinem geistigen Auge ab:

In der Mitte meines Gehirns, zwischen der linken und der rechten Hirnhälfte, öffnete sich mit verhaltener Kraft eine Knospe und blühte zu einem weißen Lotus mit tausend kleinen Blättern auf. In der Mitte der Lotusblüte tanzte ein

Mann. Der Mann wurde zu einer Frau. Anschließend tanzten der Mann und die Frau umeinander herum wie zwei Schnüre, die sich umeinander bewegen. Das weibliche Seil teilte sich in viele Fäden auf und bildete einen Kreis mit dem Mann als Stempel in der Mitte. Mit sexueller Kraft, stoßend, aber gleichzeitig zurückhaltend, drang er in der Mitte des Kreises in den Boden des Lotus ein und ejakulierte. Ein Strom von Samenzellen ergoß sich in meinen Kopf und meinen ganzen Körper. Der Samen füllte mich restlos aus, wurde zäher und kristallisierte schließlich. Mein Körper wurde wie ein Kristall. Dann brach der Kristall in tausend Stücke, und mein Körper war ganz aus Licht. Anschließend wurde mein Körper zu Wasser, zu einem flüssigen Körper. Mitten in meinem Körper entflammte ein Feuer, und auf meinem Rücken wuchsen zwei Flügel. Mein Körper verwandelte sich in einen geflügelten Drachen. Ich flog herum und versprühte Feuer aus meinem Rachen. Ich sah einen großen Berg voller Schätze und setzte mich obendrauf. Die Schätze verwandelten sich in Exkremente. Es stank und dampfte vor Hitze. Ich spuckte Feuer darüber, und die Exkremente verwandelten sich in Nahrung, eine Unmenge von Speisen. Zahlreiche Menschen kamen aus ihren Löchern und fingen an, davon zu essen. Sie aßen wie die Ratten. Sie verwandelten sich in Ratten. Dann kamen Schlangen, die die Ratten verschlangen. Dann kamen Wölfe, die die Schlangen auffraßen. Dann kamen Elefanten, die die Wölfe auffraßen. Dann kamen Walfische, die die Elefanten auffraßen. Dann kam schwarzes Öl, das die Walfische auffraß. Dann kam das Meer, das das schwarze Öl auffraß. Dann kam Feuer, das das Meer auffraß.

Der Mensch hat das Feuer gemacht. Und das Feuer fraß den Menschen.

Das Feuer brannte zehn Tage und zehn Nächte lang, und am siebten Tag war alles, was auf der Erdoberfläche lebte, vernichtet.

Einige Männer und Frauen hatten sich in ihre Erdhöhlen

zurückgezogen und blieben vierzig Tage dort. Sie waren in Verzweiflung und Finsternis gefangen. Sie dienten sich gegenseitig als Nahrung.

Die ersten zehn Tage weinten und trauerten sie, weil alles, was sie jemals geliebt hatten, verschwunden war.

Während der zweiten Dekade saßen sie still da.

Als die dritte Dekade anbrach, standen sie auf und begannen einen langsamen, ruhigen Tanz, einen Tanz, der tausend Jahre dauerte und hier seinen Urprung nahm. Ihre Körper zitterten, und ihre alte Haut fiel von ihnen ab. Ein Brüllen stieg in ihren Körpern auf, und sie warfen den Kopf in den Nacken. Das war der Anfang der vierten Dekade.

Die Frauen knieten vor den Männern, bliesen ihnen einen und nahmen ihnen den Penis weg. Dann knieten die Männer vor den Frauen und nahmen ihnen die Vulva weg.

Die Männer wurden zu Frauen, und die Frauen wurden zu Männern. An diesem Tag verwandelten sich die Geschlechter, und die Menschen feierten ihre Verschiedenartigkeit. Sie erlebten ihren neuen Körper und spürten das neue Fleisch.

Dann wußten sie: Dies ist der Neubeginn, der aus dem Alten entsteht.

In der fünften Dekade fingen sie an zu sprechen. Sie machten Pläne und erzählten sich, was sie fühlten. Ihre Sprache war neu, fließend wie Luft und voller Farben. Sie nannten sie die Farbensprache, denn jeder kannte alle Farben, weil sie selbst die Farben waren. Die Sprache war in ihrem Körper, in ihren Zellen. Deshalb gab es keine Lügen mehr. Die Schlange hatte aufgehört zu existieren. In ihrem Leben war die Wahrheit, und das war normal. Die Wahrheit war die Liebe, die aus ihren Zellen strahlte. Sie waren voneinander und von sich selbst erfüllt. Und diese Männer und Frauen jeden Alters begannen, die Welt neu zu erschaffen. Aber auf eine neue Weise. Sie erschufen sie, indem sie sich liebten, tanzten, mit ihren Körpern sangen, riefen und schrien. Zehn Tage lang erschufen sie sie, bis es am zehnten Tag zu einem Höhepunkt kam, einem Orgasmus, bei dem die Erde sich auftat und die Männer und Frauen ausspie. Und sie fanden eine Welt, die sie noch nie gesehen hatten. Voller Schönheit, Farben, Musik, Tiere und Pflanzen, obwohl sie verschieden von denen waren, die wir kennen: Sie waren hell und strahlend und beinahe flüssig, aber doch hatten sie Bestand. Der Himmel hatte viele Farben, und das Universum war anders. Es war ein Laut zu hören, und wieder gab es die Farben. Es ertönte ein Gesang: »Dies ist die neue Welt und die neue Zeit, und das ist es, was ich euch gebe. Es ist euer, genießt es und habt es lieb, so, wie ihr euren Körper liebt.« Sie betrachteten ihren Körper, der flüssig war und aus vielen Farben bestand, und sie betrachteten das Weltall, denn beide waren eins.

Und sie hatten es lieb und sangen aus Dank und Freude ein Lied, und das Lied dauerte tausend Jahre lang und hatte hier seinen Ursprung.

Dies war der erste Teil der neuen Zeit.

Übung 4: Loslassen

Jede Initiation besteht aus drei Phasen: Loslassen, Transformation und Integration. In der ersten Phase werden alle bestehenden Strukturen und Sicherheiten losgelassen. Es darf nichts mehr geben, woran wir uns festhalten könnten, so daß wir uns fallenlassen müssen. Die Transformationsphase ist der große Sprung, der Augenblick des Nichts, die Leere. Die dritte Phase ist das Hinaustreten aus dem Nichts. Aus der Leere heraus entsteht wieder eine neue Ordnung, eine neue Struktur, eine neue Welt. Wir haben das Alte hinter uns gelassen, Abschied genommen von dem, was niemals mehr zurückkehrt, und wir sind bereit, das neue Leben anzupacken.

Wenn Sie merken, daß Sie in Ihrem Leben vor einer Transformationsphase stehen, fangen Sie damit an, Raum zu schaffen. Gehen Sie alle Ihre Schränke durch, und räumen

Sie alles aus, was Sie nicht mehr benötigen. Beobachten Sie, woran Sie (noch) hängen. Manche Dinge sollte man aufbewahren, aber das meiste, was wir im Leben mit uns schleppen, ist bloßer Ballast. Werfen Sie soviel wie möglich von diesem Ballast weg, und überlegen Sie sich, was Sie wirklich in Ihrem Leben behalten wollen. Sie können das mit Ihren Büchern tun, Ihrer Kleidung, Möbeln, Familienerbstücken usw. Indem Sie in Ihrer physischen Umgebung Platz schaffen, schaffen Sie gleichzeitig Platz in Ihrem Geist.

Schreiben Sie anschließend auf ein Blatt Papier, wovon Sie in Ihrem Leben Abschied nehmen möchten, und verbrennen Sie das Blatt. Machen Sie ein Fest daraus, und verweilen Sie ein wenig bei den Gefühlen, die in Ihnen entstehen, wenn Sie das Alte loslassen.

6. Der Löwenkönig
oder Der Ruf nach neuer Führung

»Der Führer von heute ist jemand, der gelernt hat, mit seinen eigenen Wunden Musik zu machen.«

Wir haben das Ringen mit der Macht anhand der Geschichte Hamlets nachvollzogen. Im Reich des Dionysos haben wir den Stellenwert der Lust untersucht. In der Geschichte des Wilden Mannes sind wir dem Prozeß von Tod und Wiedergeburt nachgegangen. Wir sind tief in die Erde hinabgestiegen, bis auf den Grund der Seele, um wieder neu daraus hervorzukommen.

Dieses Kapitel handelt vom neuen Leben. Es ist die Vision der neuen Männlichkeit, des Mannes, der sich selbst, die Erde und seine Umwelt respektiert. Männer, die diese Eigenschaften ausstrahlen, sind die Führer unserer Zeit. Sie bahnen den Weg, auf dem andere folgen werden.

Eine Geschichte, die von dieser Rückkehr gesunder Männlichkeit und neuer Führung berichtet und in kurzer Zeit auf der ganzen Welt sehr populär geworden ist, ist Walt Disneys *König der Löwen*. Es geht darin um das uralte Thema, dem wir bereits im Zusammenhang mit Hamlet begegnet sind. Es ist ein moderner Mythos, der die unbewußten Bedürfnisse und Sehnsüchte in der heutigen Welt zum Ausdruck bringt.

Hier ist die Geschichte:

Alle Tiere der Savanne versammeln sich bei Tagesanbruch am Königsfelsen, denn Mufasa, der König der Tiere, hat einen Sohn bekommen: Simba, den zukünftigen König. Der Pavian Rafiki, der Medizinmann der Tiergemeinschaft, steigt auf den Felsen und begrüßt seinen Führer Mufasa. Er betrachtet das frischgeborene Löwenjunge, ergreift es und zeigt es dem Volk. Jedes Tier macht eine tiefe Verbeugung. Ein neuer Führer ist geboren, der Kreis des Lebens ist geschlossen.

Der Bruder von Mufasa, Scar, ist weniger erfreut über den neugeborenen Simba. Seine Chancen, selbst König zu werden, sind damit endgültig verpufft. Er ersinnt einen Plan, um Simba aus dem Weg zu schaffen.

Eines Tages, als Simba einige Wochen alt ist, erzählt Scar ihm von dem Elefantenfriedhof. Das ist der einzige Platz im Königreich, den aufzusuchen sein Vater ihm verboten hat, aber Simba kann seine Neugier nicht bezwingen. Zusammen mit Nala, seiner kleinen Freundin, entkommt er dem wachsamen Auge Zazus, des Boten des Königs, und betritt den Elefantenfriedhof. Hier ist es dunkel und unheimlich. Als Simba in einen der großen Elefantenschädel hineinklettern will, hört er eiskaltes Gelächter: Drei Hyänen kriechen aus dem Schädel, bereit, Simba und Nala anzugreifen. Sie fliehen, verlaufen sich aber in den Gängen und Höhlen des Friedhofs. Zazu hat jedoch Hilfe geholt, und in dem Augenblick, als die Hyänen Simba angreifen wollen, taucht Mufasa auf. Mit einem einzigen Prankenhieb fegt er die Hyänen beiseite und befreit seinen Sohn.

Scar sieht von weitem, daß sein Versuch mißlungen ist, findet aber in den Hyänen neue Verbündete. Er verspricht ihnen goldene Zeiten, wenn sie sich auf seine Seite schlagen, und eröffnet ihnen seinen Plan: die Ermordung des Königs und seines Sohnes, damit er als neuer König den Thron besteigen kann.

Eines Tages lockt Scar Simba in die Schlucht und erzählt ihm, sein Vater habe eine Überraschung für ihn; er möge einen Augenblick warten. Doch sobald Scar die Schlucht verlassen hat, gibt er den Hyänen ein Zeichen, die daraufhin eine Herde Gnus in die Schlucht treiben. Ohne Hilfe würde Simba von den Gnus zu Tode getrampelt werden. Scar hat in der Zwischenzeit Mufasa benachrichtigt, der zur Schlucht eilt, um seinen Sohn zu retten. Er wirft sich zwischen die

Gnus, und es gelingt ihm, Simba in Sicherheit zu bringen. Aber als er selbst mit letzter Kraft aus der Schlucht herausklettern will, stößt Scar ihn zurück in die vorüberstürmende Herde. Mufasa wird unter den Hufen der Gnus zertrampelt. Als die Herde außer Sichtweite ist, macht sich Simba auf die Suche nach seinem Vater, doch als er ihn findet, ist er bereits tot. Ermahnend redet Scar auf Simba ein. Durch sein Zutun sei sein Vater gestorben. Das einzige, was er tun könne, sei zu fliehen und nie wieder zurückzukehren. Simba nimmt sich seine Worte zu Herzen und läuft weg. Scar schickt die drei Hyänen hinter Simba her, damit sie ihn töten, aber Simba entkommt und flieht in die Wüste. Dort sinkt er erschöpft zu Boden.

Auf einem ihrer täglichen Spaziergänge finden Pumba, das Warzenschwein, und Timon, das Erdmännchen, das erschöpfte Löwenjunge. Sie beschließen, es bei sich aufzunehmen, und so wächst Simba bei Pumba und Timon auf.

Inzwischen hat die furchtbare Nachricht vom Tode Mufasas den Königsfelsen erreicht, und alle Tiere trauern. Nur Scar nicht: Er nimmt Mufasas Platz ein und gründet zusammen mit den Hyänen ein neues Reich.

Jahre später – Simba ist inzwischen zu einem jungen Löwen herangewachsen – betritt Nala eines Tages den Wald, in dem Pumba, Timon und Simba leben. Sie ist auf Nahrungssuche, denn unter Scars Herrschaft hat sich die Savanne in eine Wüste verwandelt. Das Gleichgewicht des Lebens ist gestört, die Tiere leben unter der Schreckensherrschaft der Hyänen in Angst und Elend.

Nala entdeckt Pumba und nimmt die Verfolgung auf, bis Simba sich in den Kampf einmischt. Er rettet Pumba und stellt fest, daß diese ausgewachsene Löwin, mit der er kämpft, seine frühere Freundin Nala ist. Nachdem Nala die Überraschung verdaut hat, erzählt sie ihm von dem traurigen Zustand der Savanne. Sie bittet ihn, zurückzukommen und seine Rolle als König einzunehmen, aber Simba reagiert zurückhaltend. Er will nicht zurück, er hat Angst, mit seiner

Vergangenheit konfrontiert zu werden. Er erzählt von Pumba und Timon und schildert ihr seine neue Lebensweise: Hakuna matata! – Genieß das Leben, und mach dir keine Sorgen! Während des Gesprächs flammt die Liebe zwischen den beiden wieder auf.

An einem weit entfernten Ort entziffert Rafiki derweil in einem alten Affenbrotbaum die magischen Zeichen, die ihm der Wind zuträgt: Simba lebt.

Nala ist über Simbas Weigerung, seinen Platz als König einzunehmen, enttäuscht und wirft ihm unverantwortliches Verhalten vor. Simba streift in der Nacht umher und begegnet Rafiki. Der Affe verspricht, ihm seinen Vater zu zeigen, und bringt ihn zu einem magischen See. Als Simba in das Wasser blickt, sieht er, daß sich sein eigenes Spiegelbild langsam in das Gesicht Mufasas verwandelt. »Du hast vergessen, wer du bist«, sagt Mufasa, »und darüber hast du mich vergessen. Du bist mehr, als was bis jetzt aus dir geworden ist. Du mußt deinen Platz im Kreis des Lebens einnehmen. Du bist mein Sohn, der einzig wahre König. Denke daran, wer du bist!«

Als Simba aus dieser Vision erwacht, gelingt es Rafiki, seine letzten Zweifel zu zerstreuen, woraufhin Simba seinen Entschluß fassen kann: Er kehrt zum Königsfelsen zurück, um Scar zu verjagen und seinen Platz als König einzunehmen. Während er durch die Wüste läuft, gibt Rafiki diese Neuigkeit an Nala, Pumba und Timon weiter. Zu dritt eilen sie hinter Simba her. Am Rand der Savanne versammeln sie sich und schmieden einen Plan, wie sie Scar und die Hyänen besiegen können. Der Kampf beginnt und scheint schon verloren zu sein, als Scar seinen Trumpf ausspielt: Simbas Schuldgefühl über den Tod seines Vaters. Aber als Simba beinahe in den Abgrund stürzt, erfährt er, wie es damals tatsächlich zugegangen ist: Scar ist der wirkliche Mörder seines Vaters. Dieses Wissen gibt ihm die Kraft, Scar zu Leibe zu rücken. Scar windet sich und gibt den Hyänen die Schuld. In einem letzten Versuch greift Scar Simba an, stürzt dabei

aber vom Felsen. Dort warten die Hyänen, die seine verräte-
rischen Worte gehört haben, und ermorden ihn. Das Feuer,
das während des Kampfes entflammt war, legt sich allmäh-
lich, und ein Regenschauer geht über der Savanne nieder.
Vor den Augen aller Tiere betritt Simba den Königsfelsen.
Der Kampf ist ausgefochten.

Das Land erholt sich, und nicht viel später setzt sich der
Kreis des Lebens fort: Nala und Simba haben ein Junges be-
kommen, und Rafiki zeigt dem Volk, wie die Tradition es
verlangt, den kleinen Löwen; ein neuer König ist geboren.

Der Kreis

Der Film beginnt mit der Geschichte vom »Kreislauf des Lebens«.
Alles kommt und geht und ist Bestandteil des ewigen Kreislaufs
des Lebens. Mufasa, der König der Tiere, erklärt seinem Sohn
Simba, wie das Prinzip dieses Lebenskreislaufs funktioniert: Die
Gnus fressen Gras, der Löwe frißt das Gnu, und wenn der Löwe
stribt, wird er wieder zu Erde und damit zu Gras für das Gnu.

Der Kreis ist ein altes, weitverbreitetes Symbol; er repräsen-
tiert die weibliche Urform. Er steht für die Gebärmutter, den
Lebenskreis ohne Anfang und Ende. Der Kreis symbolisiert
Ganzheit und Einheit, Nahrung und Sicherheit, Gleichheit und
Zusammenhalt.

In matriarchalischen Gesellschaften ist das Leben in Form
eines Kreises organisiert. Die Hütten sind rund und bilden zusammen eine runde Siedlung. Die Einzäunung bietet dem Leben, das sich drinnen abspielt, Schutz. Es gibt eine bestimmte
Hierarchie, in der jedes Mitglied des Stammes seine Funktion
hat, aber der vorherrschende Gedanke ist die Gleichheit aller
Stammesmitglieder als Kinder derselben Urmutter: der großen
Göttin oder Mutter Erde.

Wir begegnen dem Kreis auch in den Sagen von König Artus
in Gestalt der Tafelrunde. Artus vereinigte damit die Völker
Britanniens, die bis dahin gespalten waren und sich gegenseitig
bekämpft hatten. Er schuf Einheit in einer Zeit von Chaos und

Zerstrittenheit. Die Tafelrunde wurde zum Symbol für diese Einheit und Gleichheit der verschiedenen Völker und Stämme. Oft ist ein Kreis in zwölf Sektoren unterteilt. Das ist der Fall bei der Uhr, die in zwölf Stunden unterteilt ist, beim Kreislauf des Jahres, der in zwölf Monate aufgeteilt ist, und in der Astrologie, die auf den zwölf Sternbildern basiert. Der zwölfteilige Kreis bildet ein magisches Ganzes mit dem dreizehnten Teil als Zentrum und Berührungspunkt der anderen zwölf Teile. Jedes Teil repräsentiert einen Aspekt der menschlichen Psyche und bildet zusammen mit den anderen Teilen ein Ganzes. Diese Einteilung kommt auch in Mythologie und Geschichte oft vor. Zwölf Ritter saßen am runden Tisch mit König Artus als Dreizehntem. In einigen Versionen wird von 24 Rittern (zweimal zwölf) gesprochen, in wieder anderen Versionen von 144 (zwölf mal zwölf) Rittern.

In der Bibel erscheint die Zahl zwölf bei den zwölf Stämmen, die zusammen das jüdische Volk bilden, und bei den zwölf Aposteln, mit Jesus als Dreizehntem.

In der heutigen Zeit finden wir den Kreis z.B. in der runden Versammlungsform der Vereinten Nationen und der NATO wieder. Wie der runde Tisch König Artus' die Einheit und Gleichheit der verschiedenen Stämme symbolisiert hat, symbolisieren diese Versammlungsräume die Gleichheit und Einheit der verschiedenen Völker.

Dem Kreis steht die männliche Form des Kreuzes oder Dreiecks gegenüber. Das Dreieck repräsentiert Hierarchie und eine hierarchische Gliederung von Macht. Die Kirche, die Armee, Verwaltungen, Firmen, Krankenhäuser, Universitäten usw. sind stark hierarchisch gegliedert und haben die Struktur einer Pyramide. Ein Mensch, z.B. der Direktor, Manager oder General, steht an der Spitze, darunter befinden sich verschiedene weitere Ebenen und am Fuß der Pyramide schließlich der ausführende Teil der Organisation, die Arbeitnehmer oder das Fußvolk. In vielen Firmen sitzt das Management oben im Gebäude – eben in der »Chefetage« –, und es müssen viele Ebenen durchlaufen werden, bevor man das Walhalla der Mächtigen erreichen kann.

In den vergangenen 2000 Jahren hat das männliche Prinzip den Ton angegeben. Religion, Unterricht, Politik, Gesundheitswesen, Wirtschaft und Wissenschaft wurden von einer männlichen und deshalb hierarchischen Sichtweise beherrscht. Der Kreis, das weibliche Symbol, verschwand aus dem religiösen Bewußtsein oder wurde der Dualität des Kreuzes unterworfen. Beobachten wir bei den verschiedenen Kulturen oder esoterischen Strömungen noch die Verbindung von Kreis und Kreuz, wie etwa im Kreuz der Katharer, so finden wir in der römisch-katholischen Kirche oft nur das Kreuz, allein oder oberhalb eines Kreises. Es symbolisiert die Herrschaft des Geistigen über das Materielle, aber auch des Männlichen über das Weibliche. Drehen wir das Symbol aber um, die Kugel nach oben und das Kreuz nach unten, dann wird es zum Zeichen der Weiblichkeit.

Jede Gesellschaft, in der das Gleichgewicht zwischen dem Männlichen und dem Weiblichen verlorengegangen ist, geht eines Tages zugrunde. Entweder ist das System zu männlich, zu sehr auf Leistung, Ziele, Resultate oder Profit ausgerichtet, oder es ist zu weiblich und damit träge, richtungslos, ziellos und unproduktiv. In einem gesunden Verhältnis repräsentiert die weibliche Energie die Weisheit und die männliche Energie das Handeln.

Systeme, die zu weiblicher Energie umschwenken, sind nicht mehr handlungsfähig. Ein Zuviel an Basisdemokratie kann die Beschlußfähigkeit und Tatkraft jedes Unternehmens vollständig blockieren. In einem Land wie den Niederlanden, in dem viel Wert auf Fürsorge, Mitbestimmung, Gleichheit und Toleranz gelegt wird, fehlt vielen Organisationen die nötige Tatkraft.

Der magische Mittelpunkt

Inmitten des Landes, in dem *Der König der Löwen* spielt, erhebt sich der riesige Königsfelsen: »Pride Rock«. Er ist das Zentrum des Kreises, der magische Mittelpunkt des Landes.

Jedes Land hat einen energetischen Mittelpunkt, einen Platz, der als das Zentrum des Reiches betrachtet wird. Er ist das Herz des Landes, der Sitz des Königs. In früheren Zeiten bildeten oft ein Berg oder ein Baum einen solchen Platz. Dort wurde beraten, und dort fanden alle großen Ereignisse statt. »Der ›Mittelpunkt‹ ist also die Heilige Zone par excellence, das Gebiet der absoluten Wirklichkeit«, schreibt Mircea Eliade. »Demzufolge befinden sich auch alle anderen Symbole der absoluten Wirklichkeit in einem Mittelpunkt (Bäume des Lebens und der Unsterblichkeit, Quell der Jugend usw.).«[55]

Der Indianer Schwarzer Hirsch begab sich in seinen Visionen zum zentralen Berg in der Mitte Amerikas, von wo aus er die Vergangenheit und die Zukunft überblicken konnte.[56] In Australien bildet Ayers Rock den spirituellen Mittelpunkt des Landes der Aborigines. Der große Felsen wurde auch einmal als Nabel der Welt bezeichnet.

In der heutigen Zeit ist der Mittelpunkt oft ein Platz, eine Kirche, ein großes Gebäude oder eine Kombination davon. Beispiele dafür bieten der Rote Platz in Moskau, der Petersplatz in Rom oder die Kaaba in Mekka. Der mythologische Mittelpunkt Deutschlands ist Berlin. Alle großen politischen und historischen Ereignisse des Deutschen Reichs fanden hier statt. Die Tatsache, daß die deutsche Regierung sich wieder in Berlin niederläßt, spiegelt beinahe Wort für Wort die Geschichte des Königs der Löwen und die Rückkehr des Königs wieder. Die wirkliche Führung des Volkes kehrt zum Zentrum zurück, nachdem Scar besiegt und die Wunde verheilt ist: Berlin, das Herz des Landes, ist nach einer schweren Verwundung und nach der Teilung wieder zusammengewachsen. Die Mauer, die durch das Herz der Stadt verlief, ist verschwunden, und die »Brücke der Einheit« verbindet die zwei Teile der Stadt wieder miteinander. Zwei Teile, die nicht nur zwei Stadtteile waren, sondern zwei entgegengesetzte Weltauffassungen: Kommunismus und Kapitalismus. Der Kapitalismus hat gesiegt, aber wir müssen aufpassen, daß wir in unserem Sieg nicht zu übermütig werden. Auch der Kapitalismus hat seine Schattenseiten: Sie äußern sich in einem ständig wachsenden Abstand zwischen Arm und Reich, zwischen Macht und Ohnmacht, zwischen den wirtschaftlichen Interessen und dem Wert der Natur, zwischen einem Übermaß an Konsum und dem zunehmenden Mangel an Rohstoffen. Die Leerstellen der Stadt, wie der Potsdamer Platz, werden schnell zugebaut, und Berlin erhebt sich aus seiner Asche, aber wenn wir neben diese männliche produktive Kraft nicht die weibliche Weisheit setzen, werden wir dennoch verlieren. Ich hoffe, daß die Erbauer und Planer des neuen Berlin neben der Ordnung noch Platz für Chaos lassen, neben der Vernunft Raum für Intuition, neben der Kultur Raum für Natur, daß sie neben dem Gewinn auch die Interessen der Menschen sehen, außer für die Ökonomie auch ein Auge für die Ökologie haben. Erst dann kann Berlin wirklich zum pulsierenden Herzen des Landes werden, in dem sich die Macht der Führung mit der Kraft der Liebe verbinden kann. Dann kann Berlin eine Ausstrahlung erlangen, die weit über die Grenzen Deutschlands hinausreicht und für ganz Europa Bedeutung haben kann. Das Land, das Europa verwüstet und geteilt hat, wird bei der Wiedervereinigung und Einigung eines neuen Europa die wichtigste Rolle einnehmen.

Der Weg zum Selbst

Der Weg zum Mittelpunkt ist ein Abbild des Weges zum Selbst, zum Zentrum unseres Wesens. Über viele Umwege, Sackgassen und Schleichwege erreichen wir wie in einem Labyrinth schließlich den Kern unseres Selbst. »Der zum Mittelpunkt führende Weg ist ›ein schwieriger Weg‹ ... und das findet seine Bestätigung auf allen Ebenen des Wirklichen: beschwerlicher Zugang zum Tempel (wie zu dem von Barabudur), Pilgerfahrt zu den heiligen Orten (Mekka, Hardwar, Jerusalem usw.), gefährliche Irrfahrten auf den heldenhaften Expeditionen zum Goldenen Vlies, zu den Goldenen Äpfeln, zum Lebenskräutlein usw.; desgleichen das Eindringen ins Labyrinth [...]. Steil und voller Gefahren ist der Weg darum, weil er in Wirklichkeit den Ritus des Übergangs vom Profanen zum Heiligen bedeutet, vom Vergänglichen und Illusorischen zur Wirklichkeit und Ewigkeit, vom Tod zum Leben, vom Menschen zur Gottheit.«[57]

Im *König der Löwen* wird dies durch den Weg symbolisiert, den Simba zurücklegen muß, bevor er wieder in sein Reich zurückkehren kann, sowie durch den Kampf um den Thron. Geboren im Zentrum, auf dem Königsfelsen, danach vertrieben und geflohen, hat er nun die Aufgabe, seinen Platz einzunehmen und seine wahre Identität nicht länger zu verleugnen. Dasselbe gilt für den Menschen: In Unschuld geboren, haben wir unser wahres Selbst vergessen, und die Herausforderung unseres Lebens besteht darin, unsere wahre Identität, die tief verborgen in uns schlummert, wiederzuerlangen. Darauf beruht unser gesunder Stolz, das Bewußtsein unseres wahren Wertes.

Simba fragt sich, ob er akzeptiert werden wird, wenn er zum Königsfelsen zurückkehrt. Werden Sie ihm seine Schuld vergeben, den Mord an seinem Vater, der, wenn auch zu Unrecht, wie ein Fluch auf ihm lastet? Wird er den Mut haben, zu seiner Kraft zu stehen und aus dem Herzen heraus zu leben, vom Zentrum des Reiches aus zu regieren? Werden Sie ihn annehmen, wie er ist? Und dahinter steht die Frage: Nimmt er sich selbst an, wie er ist?

Das ist eine Frage, mit der heutzutage viele junge Männer ringen. Werden wir akzeptiert, wenn wir wir selbst sind, wenn wir von der männlichen Norm abweichen? Haben wir den Mut, unseren Impulsen zu folgen, unser Herz sprechen zu lassen, oder haben wir Angst vor dem Urteil unserer Kollegen, unserer Familie, unserer Kinder, unserer Partner, Freunde oder der Gesellschaft?

Haben wir den Mut, die Regeln und Sicherheiten des sozialen Rahmens, in dem wir leben, loszulassen und durch die Regeln unseres Herzens und die Gesetze unserer inneren Natur zu ersetzen? Trauen wir uns, zum Königsfelsen zurückzukehren und unseren Thron in der Mitte des Reiches einzunehmen? Stolz darauf zu sein, wer wir sind, ungeachtet unserer Herkunft, unserer Geschichte, unserer Fehler und Mißerfolge, ungeachtet unserer Position und Klasse? Dies ist der Stolz, nach dem viele Minderheiten suchen, wie die »Nation of Islam« in den Vereinigten Staaten, die Homosexuellenvereinigung »Gay Pride«, die Frauen im

Kampf für ihre Rechte und die vielen nationalistischen Gruppierungen, die für ihre Freiheit und ihre nationale Identität kämpfen. Bewußt oder unbewußt, sucht jeder Mensch nach seiner eigenen Identität und dem Recht, stolz auf sich zu sein.

Eine Gruppe scheint sich an dieser Suche bislang nicht beteiligt zu haben: die weißen Männer der westlichen Welt. Von der Spitze der Pyramide aus betrachtet der weiße Mann seinen Platz in der Gesellschaft als Geburtsrecht, und sein Stolz wird schnell zu Arroganz oder Ahnungslosigkeit. Das ist die Arroganz der Chiracs und Majors, die dem Volk zeigen wollen, wer der Boß ist. Sie regieren nach einem veralteten Führungsstil, einer Führung, die sich über das Volk erhebt, anstatt ihm zu dienen. Sie ignorieren die Bitten und Proteste ihrer Untertanen, die keine Atomtests in Muroroa wollen, die den Friedensprozeß in Nordirland nicht als bloßes politisches Wortgefecht betrachten. Sie ignorieren die Botschaft ihres eigenen Herzens. Sie zeigen die Arroganz des Mannes, der sich selbst nicht kennt. Sie werden von einer inneren Wunde (= englisch »scar«) regiert, die sie oft selbst nicht spüren.

Der Kampf um die Königsherrschaft

Gestalten wie Simba sind der Prototyp dessen, was wir heute als »Nix-Generation« bezeichnen. Das sind Jugendliche, die keinen oder fast keinen Anschluß in unserer Gesellschaft finden. Sie tragen einen großen Reichtum an Kreativität und spirituellem Wissen in sich, wissen aber nicht, wie sie diesen Reichtum in der Gesellschaft zum Ausdruck bringen sollen. Die Stellen, für die sie ausgebildet wurden, sind meistens schon durch Vertreter der Generation vor ihnen besetzt, und die denken nicht daran, den Platz zu räumen. Sie machen sich Sorgen über die Umwelt und die Dritte Welt und verstehen nicht, warum alle sich so verhalten, als ob alles in Ordnung wäre. Oft werden sie rebellisch oder zynisch, kommen aber nicht zum Handeln. Sie kämpfen für ihre Ideale, können aber keine Verantwortung übernehmen. Sie sind Denker und feinfühlige Seelen, aber keine Tatmenschen. Anstatt sich die Hände schmutzig zu machen, kritisieren sie lieber die Arbeit der Generation ihrer Väter. An den Kampf um die Königsherrschaft wagen sie sich noch nicht heran. Sie bleiben lieber Prinz, als König zu werden. Ihnen fehlt noch das Selbstvertrauen, ihren rechtmäßigen Platz auf dem Thron einzunehmen. Sie sind noch nicht von ihren eigenen Führungsqualitäten und ihrem Wert überzeugt.

Doch es ist an der Zeit, daß diese neue Generation das Ruder ergreift. Wir brauchen ihre Einsicht und Klarheit; ihre andere Art, die Dinge zu sehen und in der Welt zu handeln, ist das, worauf überall gewartet wird. Aber die Führung wird ihnen nicht in den Schoß fallen. Sie werden darum kämpfen müssen. Damit erst beweisen sie ihre Kraft als zukünftige Könige. Den Kampf, den sie kämpfen müssen, führen sie vielleicht in erster Linie mit dem Bild, das sie von sich selbst haben, ein falsches Bild aus der Vergangenheit, das sie davon abhält, ihre Kraft öffentlich zu zeigen; ein Mangel an Stolz und Selbstvertrauen.

Die innere Hochzeit

Bei der Rückkehr der Männer in ihr Reich spielt oft eine Frau eine wichtige Rolle. Im *König der Löwen* ist es Nala, die Simba findet und ihn davon zu überzeugen versucht, daß er zurückkommen und den Kampf aufnehmen müsse. Oft erkennen Frauen den wahren Wert eines Mannes, sind aber selbst nicht in der Lage, ihn in die ihm zustehende Position zu bringen. Dafür ist ein Mentor oder Initiator nötig, im Film dargestellt durch Rafiki, den Medizinmann. Die Frau symbolisiert das Weibliche im Mann, das danach ruft, angehört zu werden, das ihn ermahnt, seinen Platz auf dem Thron einzunehmen. In dem Mittsommerritus, wie ihn Vivianne Crowley in ihrem Buch *Wicca* beschreibt, ruft die Göttin den Gott auf, »...den grünen Wald [s]einer Jugend zu verlassen und die Lasten eines Königs und eines Mannes auf [s]ich zu nehmen.«[58] Das kann nur geschehen, wenn er seine männliche und weibliche Energie ins Gleichgewicht bringt und damit die innere Hochzeit vollzieht. Im *König der Löwen* und in vielen anderen Geschichten wird das durch die Hochzeit von Prinz und Prinzessin, Held und Heldin symbolisiert. Eine Verschmelzung männlicher Tatkraft und weiblicher Weisheit ist für die wahre Führung unverzichtbar.

Im Tarot wird die Hochzeit durch die Karte der Liebenden dargestellt. Gerd Ziegler schreibt über diese Karte: »›Die Liebenden‹ sind Ausdruck der sich zueinander sehnenden und voneinander angezogenen Gegensätze. Die Dualität, die sich in jeder Erscheinung dieser Existenz widerspiegelt, wird existentiell erlebt in der Liebesbeziehung zwischen Mann und Frau. Jeder Versuch der Annäherung, der Vereinigung, der Verbindung ist Ausdruck des leidenschaftlichen Dranges, die verlorengegangene Einheit wieder herzustellen. Doch auch jedes Individuum, jeder Mann und jede Frau, trägt die Dualität männlicher und weiblicher Anteile in sich.«[59]

In der Mythologie werden die männliche und weibliche Energie oft durch das Schwert und den Gralskelch symbolisiert. Jesus sprach von dem Schwert, das er in die Welt brachte, dem Symbol für die männliche Energie der Rechtschaffenheit und des Urteilsvermögens. Dann wiederum ließ er den Kelch herumgehen, als Zeichen der Verbindung und Einheit zwischen Gott und den Menschen. Artus besaß die gleichen Symbole männlicher und weiblicher Energie: das Schwert Excalibur, das er als einziger aus einem steinernen Amboß zu ziehen vermocht hatte, womit er das Recht auf die Königsherrschaft erlangte, und den heiligen Gral mit dem Lebenswasser. Der heilige Gral ist der Kelch, der die Geschichten beider Könige miteinander verbindet und auch die Verbindung zu der mythischen Erzählung vom Fischerkönig herstellt. Denn der heilige Gral war der Kelch, den Jesus beim letzten Abendmahl benutzt hatte und in dem am Tage seiner Kreuzigung sein Blut aufgefangen wurde. Der Kelch ist der Legende nach von Josef von Arimathea nach Großbritannien gebracht worden. Dieser segelte von Palästina nach England und ging auf der Insel Avalon an Land. So gelangte der Kelch in die Artussage. König Artus gab seinen Rittern die Anweisung, den heiligen Gral zu finden. Dadurch, daß er die weibliche Energie wieder in das Reich des Bewußtseins holte, wurde das Gleichgewicht wiederhergestellt. Es war die Suche nach der verlorenen Einheit mit dem Göttlichen, mit dem Königreich, das hinter diesem irdischen Dasein liegt. Und da die weibliche Energie noch weit davon entfernt ist, anerkannt zu werden, kann die Suche nach dem Gral als eine unvermindert aktuelle Aufgabe bezeichnet werden.

Neue Führung

Als Simba schließlich in sein Reich zurückkehrt, findet er das Land in großer Armut vor. Die Flüsse sind ausgetrocknet, die Erde ist ausgedorrt, die Tiere sind scheu und verängstigt, und das Reich stöhnt unter dem dunklen Einfluß der Tyrannei Scars. Verschmutzung, Gewalt und Unterdrückung haben groteske Formen angenommen. Es ist ein Bild des »waste land«, wie wir ihm bereits in der Geschichte vom Fischerkönig begegnet sind.

Wenn wir einmal bewußt unser Leben betrachten, werden wir zunächst einen großen Trümmerhaufen wahrnehmen, sowohl in uns als auch um uns herum. Aber mit der Ankunft des neuen Königs, des neuen Bewußtseins, verändern sich das Land und die Welt. Im Chaos wird wieder Ordnung geschaffen, wo Konflikt und Streit waren, entsteht Harmonie, und langsam kommt das Land wieder zur Blüte. Unser Leben wird nicht länger vom Ego bestimmt, bedingt durch die Wunden der Angst, Wut, Verletztheit und Eifersucht, sondern wieder vom Selbst regiert.

Die rasante Zunahme von Chaos und Unordnung, die wir in der heutigen Welt beobachten, läßt unser Bedürfnis nach Einheit und Harmonie immer größer und größer werden. Wieder einmal macht sich das Fehlen der Königsenergie bemerkbar, einer Energie, die diesmal nicht nur das Land, sondern die ganze Welt heilen soll. Was wir brauchen, ist Führung, innere und äußere Führung, die uns den richtigen Kurs weist, uns durch die unruhigen Wogen der kommenden Jahrzehnte lotst; Führung, die mit der Erde, dem Volk und dem Selbst in Verbindung steht; Führung, die eine Verbindung zwischen männlichen und weiblichen Eigenschaften herstellt, zwischen göttlicher Inspiration und alltäglichen, irdischen Aktivitäten; zwischen der Sorge um die Umwelt und den Bedürfnissen der Wirtschaft; zwischen den Träumen von morgen und der Realität von heute.

Unsere heutigen Führungsstile sind veraltet und unbrauchbar geworden. Von einem überholten Konzept, einem alten mechanistischen, hierarchischen Weltbild aus betrachtet, erscheint die Erde lenkbar wie ein Traktor. Aber die Welt hat sich verändert. Wir sind ein hochentwickelter, komplizierter und äußerst empfindlicher Organismus geworden, der nur mit klarem Bewußtsein, Tatkraft und Einfühlungsvermögen geleitet werden kann.

Was wir heutzutage am nötigsten brauchen, ist eine Vision, die sich über die Dualität und die Zersplitterung, in der wir leben, erhebt, eine Vision, die die verschiedenen gegensätzlichen Aspekte des Lebens in sich vereinigt, in der Sexualität und Religion, Wissenschaft und Phantasie, Liebe und Arbeit, Mann und Frau, Geld und Ideale zu einem großen Ganzen zusammenfließen, eine Vision, die sich auch über die verschiedenen Nationen erhebt und die Erde als einen Planeten betrachtet, die Welt als ein Land und alle Bewohner als ein einziges Volk, die Erdbewohner.

Die heutigen Probleme, wie Umweltverschmutzung und Zerstörung der Ozonschicht, Kriminalität und Rassismus, Hunger und Wirtschaftskrise, können nicht mehr von einem Land allein oder auf der Grundlage einer einzigen weltanschaulichen Perspektive gelöst werden.

Jede Strömung, jedes Individuum besitzt ein Teilchen des Puzzles, das Leben heißt. Wenn wir diese Teile aneinandersetzen, werden wir ein vollständigeres Bild des Ganzen und gleichzeitig unserer Rolle in diesem Ganzen erhalten. Jeder von uns ist im Besitz seiner eigenen Wahrheit; die Kunst besteht darin, alle diese Facetten zu respektieren und in eine höhere Einheit zu überführen. Die Aufgabe des Königs besteht darin, jedem seinen richtigen Platz zuzuweisen, jeden so zu sehen, wie er ist, und damit den größtmöglichen Segen zu spenden. In seinem tiefsten Selbst erkannt zu werden ist die größte Befreiung, die es gibt.

Erst wenn wir unsere eigene Rolle annehmen, aufhören, untereinander zu streiten, und nicht mehr in Kategorien von »entweder – oder« denken, werden wir mit uns in Einklang kommen und den wahren Kampf angehen können: den Kampf um unser Überleben.

Leben aus dem Kern

Ich glaube nicht, daß wir die Rettung der Welt von einem einzigen Führer erwarten können. Ich glaube, daß wir uns alle zusammentun müssen. Jeder von uns wird seine eigene innere Führung selbst übernehmen müssen. Zu oft schon haben wir Führung und Autorität abgegeben: an Eltern, Dozenten, Ärzte, Politiker, Gott, und wir haben uns selbst klein gemacht. »Machen wir das richtig, Papi? Bin ich lieb, Mami?« Wir haben zu den großen Führern oder Herrschern aufgeschaut, auf Bestätigung gehofft und Ablehnung gefürchtet.

Eine derartige Abhängigkeit ist die Folge der fehlenden Initiation und innerer Autorität. Echte Führung ist Dienen, nicht jemand anderem, sondern dem Gott in uns. Das bedeutet, unsere Rolle, die uns zugedacht ist, und die Kraft und die Fähigkeiten, die wir mitbekommen haben, anzunehmen. Indem wir dienen, werden wir frei. Die höchste Wahrheit lebt in uns, und indem wir ihr Ehre erweisen, erweisen wir der ganzen Menschheit Ehre. Wir dürfen uns großartig geben, nicht um uns selbst auf die Schulter zu klopfen oder um unsere Wunden zu verbergen, sondern weil wir im Kern großartig *sind*. Wir sind kraftvolle, schöne, schöpferische Wesen. So hat Gott uns erschaffen. Wir schrecken davor zurück, wir schämen uns für das Durcheinander, das wir stiften, fühlen uns schuldig für das Leid, das wir anderen zufügen, aber wir wollen uns davon nicht länger zurückhalten lassen. Wir wollen mutig sein, unseren Ängsten ins Gesicht sehen, aus unseren »Fehlern« lernen und tapfer einen Schritt nach vorne tun. Viele kleine Schrittchen ergeben zusammen einen riesigen Schritt nach vorn.

Dabei brauchen wir uns nicht größer zu machen, als wir sind, nicht immer nach grandiosen Taten oder unerreichbaren Zielen zu streben. In unserer Schlichtheit und Eigenheit sind wir größer und einzigartiger, als wir jemals gedacht haben. Es liegt so nahe und scheint so fern. Wir brauchen uns nicht zu verändern, um zu sein, wie wir sind. Wir brauchen nicht stärker, schöner, mutiger, gläubiger, schneller oder was auch immer zu werden, um wir selbst zu sein. Alle Forderungen, die von unserem Partner, unseren Eltern, unserem Arbeitgeber, von der Kirche, durch die Gesellschaft an uns gestellt werden, können wir sein lassen, was sie sind. Wir können anfangen, aus dem zu leben, was wir als unser eigentliches Wesen erfahren. Darin liegt unsere wahre Kraft, unser Stolz und Eigenwert, unsere Leidenschaft und Freude. Zum Kern zurückzukommen und von dort aus zu leben beginnen – das ist es, wonach sich jeder in der Tiefe seiner Seele sehnt. Das ist die Rückkehr des Königs.

 Übung 5: Leben wie ein König

Diese Übung dauert einen ganzen Tag. Beginnen Sie den Tag mit einer Meditation, und stellen Sie sich vor, daß Sie der König Ihres Reichs sind. Spüren Sie, was es bedeutet, König zu sein. Spüren Sie, was es heißt, Verantwortung zu tragen, aber auch die Freiheit, die Wahl zu haben und zu entscheiden, was sich in Ihrem Reich ereignet. Beginnen Sie dann Ihren normalen Alltag, und halten Sie sich bis zum Abend das Bild vor Augen, wie Sie als König durch Ihr Reich schreiten. Beobachten Sie, was Sie in Ihrem Reich erleben. Sind Sie zufrieden, oder liegt vielleicht einiges im argen? Würden Sie irgendwelche Dinge verändern, und wenn ja, wie? Behandeln andere Menschen Sie mit Respekt, oder beachten sie Sie nicht einmal? Können Sie die Aufmerksamkeit und die Art und Weise, wie Sie über die Dinge denken, »bei sich behalten« oder driften Sie ab und fragen sich, was andere davon halten? Lassen Sie sich von anderen überreden, oder können Sie sich treu bleiben? Können Sie auch anderen zuhören und sich ihre Ratschläge zu Herzen

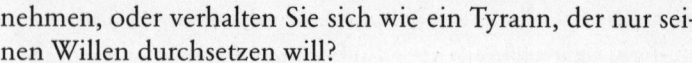

nehmen, oder verhalten Sie sich wie ein Tyrann, der nur seinen Willen durchsetzen will?

Beenden Sie den Tag wieder an der Stelle, an der Sie ihn frühmorgens mit der Meditation begonnen haben. Gehen Sie in Gedanken noch einmal den ganzen Tag durch, und überlegen Sie, wann Sie sich gut gefühlt haben und wann nicht. In welchem Bereich könnten Sie in stärkerem Maße Ihren eigenen Platz einnehmen und Ihre eigenen Vorstellungen einbringen? Auf welchen Gebieten können Sie noch von anderen lernen und Ratschläge einholen?

Wiederholen Sie die Übung, so oft Sie wollen, bis Sie mit Ihrer Macht und Verantwortlichkeit vollkommen vertraut geworden sind.

7. Meine eigene Geschichte

> *Vor dem Ende sprach Rabbi Sussja: »In der kommenden*
> *Welt wird man mich nicht fragen: ›Warum bist du nicht*
> *Mose gewesen?‹ Man wird mich fragen: ›Warum bist du*
> *nicht Sussja gewesen?‹«* Martin Buber[60]

Die Insel der Zukunft

Während meiner Universitätszeit in Groningen – ich habe Betriebswirtschaft und Theaterwissenschaft studiert – stieß ich immer mehr an die Grenzen der Wissenschaft. Schon bald wagte ich mich auch auf ein Terrain, das jenseits dieser Grenzen liegt, und begab mich mit Hilfe von zahlreichen Workshops, Büchern, Meditation und Yoga auf den Weg der persönlichen Entwicklung. Dieser Weg führte mich 1988 zu einer Konferenz über Organisationsentwicklung nach Schweden. Dort nahm ich an einer Gruppenmeditation zum Thema »Die Insel der Zukunft« teil. Dabei sollte mich meine Vorstellungskraft zu einer Insel führen, die meine Zukunft symbolisierte. Zu meinem Entsetzen sah ich meine Insel im Meer versinken. Ich sah genauer hin, und es zeigte sich, daß die Insel nach Amerika abgetrieben war. Dort verwandelte sich die Insel in eine Stadt. Die Botschaft der Meditation war so eindringlich, daß ich beschloß, mein Betriebswirtschaftsstudium abzubrechen, meine Theatergruppe zu verlassen und mich auf die Reise in die Vereinigten Staaten zu begeben. Ich verkaufte alles, was ich besaß, verliebte mich im letzten Moment bis über beide Ohren in eine Frau, die später meine Lebensgefährtin werden sollte, und machte mich auf den Weg.

Die Vereinigten Staaten

Am 30. Dezember 1988 verließ ich die Niederlande und trat eine Reise an, die schließlich neun Monate dauern sollte. Auf meiner Reise, auf der ich zunächst zwei meiner Brüder besuchte, die zu der Zeit in Amerika lebten, lernte ich die unterschiedlichsten Menschen kennen: Das Spektrum reichte von dem indianischen Medizinmann White Bear bis hin zu einer Gruppe, die die körperliche Unsterblichkeit predigte. Ich nahm an Survivalfahrten teil und durchkreuzte das Land von Ost nach West und von Süd nach Nord. Jede neue Begegnung war ein Ereignis und stellte mein Weltbild auf den Kopf, und ich ließ mich in diesem Strom von Erfahrungen treiben.

Eines Tages fiel mir John Lees *Auf der Suche nach dem Vater* in die Hände, das von der Suche nach seinem Vater handelt. Nachdem ich das Buch zu Ende gelesen hatte, habe ich drei Stunden lang geweint. Beim Lesen habe ich deutlich gespürt, wie sehr mir mein eigener Vater fehlte, der zwar anwesend war, den ich aber eigentlich nicht kannte. Das war der Beginn einer langen Suche nach meinem Vater – und letztlich nach mir selbst. Im Verlauf dieser Suche kam ich mit Robert Bly in Kontakt, dem Vorreiter der Männerarbeit in den Vereinigten Staaten.

In Minneapolis wohnte ich bei Freunden, Lonnie und Stefan Helgeson, und träumte eines Nachts von einem behaarten Riesen. Beim Frühstück erzählte ich meinen Traum, und Lonnie sah mich bedeutungsvoll an: »You've seen the Wildman, Ton.« Sie empfahl mir, mit Robert Bly, einem Bekannten von ihr, Kontakt aufzunehmen. Er verwende als Grundlage für seine Arbeit mit Männern eine Geschichte über einen behaarten wilden Mann.

Auf der Suche nach dem Mann

Eine Woche später ging ich zu meiner ersten »Men's Gathering«, einer Zusammenkunft von 300 Männern in einem Theater in Minneapolis. Der Tag begann damit, daß ein König und ein Narr uns 300 Männer in einen niedrigen Tunnel hineintrieben: einen kleinen Gang mit Stroh auf dem Boden und Totenköpfen vor dem Eingang, durch den wir auf Knien hindurchkriechen mußten. Am anderen Ende saßen 30 maskierte Männer mit Trommeln. Sie sangen: »Go back, go back, go back back.« Diese widersprüchliche Botschaft hatte zur Folge, daß ich nicht mehr wußte, was ich von der ganzen Sache halten sollte – mein Körper aber wußte, was er tun sollte: tanzen! Schließlich tanzten 300 Männer nach dem Rhythmus der Trommeln, und damit war der Tag eröffnet, ein Tag, der mir vor allem wegen der Weisheit der Geschichten, die erzählt wurden, wegen des Humors und wegen der schönen lebendigen Energie, die ein Saal voller Männer erzeugte, in Erinnerung geblieben ist. Ich hatte gefunden, was ich mein Leben lang vermißt hatte: die Möglichkeit, mit Männern auf eine Art und Weise Kontakt aufzunehmen, die mich unmittelbar ansprach: respektvoll, weise, kräftig und liebevoll, ohne sentimental oder soft zu sein.

Ich bin in der Hochzeit des Feminismus aufgewachsen, und das Bild, das ich von Männern mitbekam, war alles andere als positiv. Männer waren Trottel, unfähige Familienväter, gefühllos oder autoritär und machtgierig, sexistisch und repressiv, kurz, die Ursache allen Elends in der Welt. Weil ich es nicht besser wußte, hielt ich mich von der Männerwelt fern: ich spielte nicht Fußball, ich leistete keinen Wehrdienst, und ich mied die Welt der Arbeit und der Büros. Ich wollte mich nicht in die Männerwelt begeben und schämte mich im Grunde für meine Männlichkeit. Ich hatte keinen Respekt vor Männern – vor meinem Vater nicht und auch nicht vor anderen Männern. Ich sah nur die Schattenseite, ihr Versagen, ihr Scheitern, wie ich es durch die Augen des Feminismus zu sehen gelernt hatte. Seit diesem Tag in Minneapolis denke ich anders darüber. Ich habe weise Männer gesehen, einfühlsame Männer, junge und alte Männer, Männer, die ehrlich und aufrichtig waren, handfeste Männer, verletzliche Männer, fürsorgliche und warmherzige Männer, aktive Männer, Männer mit Humor. Ich fing allmählich an, die enorme Vielfalt, den verborgenen Wert und die verborgenen Gefühle der Männer zu entdecken, und dadurch begann ich, meinen Wert als Mann und als Mensch wiederzufinden.

Männergruppen

Wieder in den Niederlanden, beschloß ich, die Männerarbeit ernsthaft in Angriff zu nehmen. Ich hatte in der Zwischenzeit bei Seminaren und Kursen im Bereich der persönlichen Entwicklung und der Spiritualität schon viele Erfahrungen gesammelt. Ich begann mit der Übersetzung eines Interviews mit Robert Bly, das unter dem Titel *Op zoek naar de man (Auf der Suche nach dem Mann)* erschienen ist. Das Büchlein ging weg wie warme Semmeln, und ein Jahr später gründete ich meine erste Männergruppe. Ich hatte zwar keine Ahnung, was ich tun sollte, wußte aber, daß ich es tun *mußte*. Ich wagte den großen Schritt und ließ mich dabei durch das leiten, was meine Intuition mir eingab.

Die erste Männergruppe blieb zweieinhalb Jahre lang zusammen. Dies waren für mich die Männer der ersten Stunde; gemeinsam sind wir lange im dunkeln getappt und haben nach der Antwort auf die Frage gesucht, die uns wie ein Leuchtfeuer führte: Wer oder was ist der Wilde Mann?

John Munsey, ein in Amsterdam lebender amerikanischer Gesangslehrer, mit dem ich später Freundschaft schloß, brachte auf einem der ersten Treffen unser Problem auf den Punkt: »Niemand von uns ist jemals eingeweiht worden, wie Söhne in früheren Zeiten von den älteren Männern des Stammes eingeweiht wurden, aber zusammen haben wir die Möglichkeit, dieses alte Wissen wieder hervorzuholen.« Und so geschah es; wie bei einem Puzzlespiel wurde uns immer deutlicher, was Männlichkeit bedeutet, und wir erlangten immer mehr Klarheit über unseren eigenen Weg.

Das Ergebnis dieser langen Suche war ein Wochenendseminar, das später den Namen »Wilder-Mann-Wochenende« erhielt und das ich in den zwei folgenden Jahren zusammen mit Frank Berger anbot. Er kam auch aus der ersten Männergruppe und war mir ein guter Freund geworden, der mir in der Anfangsphase der Männerarbeit immer zur Seite stand.

Es war eine schwierige Zeit. Ich hatte kaum Geld, hielt Vorträge und Seminare, die nicht genug einbrachten, um davon leben zu können, und verschuldete mich immer mehr. Die Presse schrieb oft zynisch über »diese Männer, die mit kleinen Trommeln und Urschreien in die Wälder ziehen, um wieder wild zu werden«, und auch die Leute in meiner näheren Umgebung verstanden oft nicht, was ich eigentlich tat. Es gab jedoch ein paar Menschen, die den Sinn meiner Arbeit erkannten und mir in den vielen, vielen Augenblicken der Verzweiflung, als ich nicht mehr wußte, wie es weitergehen sollte, und daran dachte, mir dann eben doch eine normale Arbeit zu suchen, Mut gemacht haben, durchzuhalten. Während ich immer tiefer und tiefer in »den Wald« geführt wurde, fing ich langsam, aber sicher an zu begreifen, was der Archetyp des Wilden Mannes symbolisierte, und erkannte meine eigene Rolle in der Geschichte. Was auf den ersten Blick ein wüster Urmensch zu sein schien, erwies sich bei näherer Betrachtung als eine Art Mentor, ein spiritueller Vater oder Initiator, der mich Schritt für Schritt in die Geheimnisse des Lebens einweihte. Die Geschichte hatte mich in ihren Bann gezogen und führte mich zu Bereichen in mir, von deren Existenz ich nichts geahnt hatte.

Alter Schmerz

Dies führte mich schließlich zu einem Ereignis, das ich tief, tief in meinem Gedächtnis verborgen hatte, weil es zu schmerzhaft gewesen war, als daß ich jemals wieder daran erinnert werden wollte. An einem Abend im November 1992 sah ich Barbara Streisands *Der Herr der Gezeiten*. Der Film handelt von dem Entwicklungsprozeß eines Mannes, der als Junge vergewaltigt worden war und mit Hilfe einer Psychotherapeutin die Erinnerung daran erneut durchlebt. Als ich nach dem Film etwas sagen wollte, war es, als ob ein Damm bräche. Ich begann zu schreien und zu schluchzen und konnte nicht mehr aufhören. Mein Magen, der mir oft Schwierigkeiten machte, schien sich mir völlig umdrehen zu wollen. Bilder von sexuellem Mißbrauch durch einen Mann und eine Frau stiegen wie Luftblasen aus meinem Unbewußten nach oben. Jedes Bild war eine Hölle und löste eine Mischung aus Schmerz, Angst, Scham und Wut in mir aus. Ich muß etwa drei Jahre alt gewesen sein, zu jung, um zu begreifen, was mit mir geschah. Ich hatte es schweigend zugelassen und das Geschehen gewissermaßen von außerhalb meines Körpers betrachtet. Nun kämpfte ich, als ginge es um mein Leben. Als alles vorbei war, wurde ich ruhig und hatte verstanden.

Einige Tage später sah ich mich wieder aus der Perspektive von »außerhalb meines Körpers«, aber dieses Mal war es mir, als ob ich bei Gott auf dem Schoß säße und in seinen Armen festgehalten würde. »Sieh mal«, sagte Er, »dies ist geschehen, und daran kannst du nichts mehr ändern. Aber ich kann dir etwas anderes zeigen«, und Er nahm mich mit zu einer Tür und öffnete sie. Dahinter erlebte ich die innigste Liebe, die ich jemals erfahren hatte und die um ein Vielfaches stärker war als der Schmerz, den ich vorher gespürt hatte. Dieses Mal weinte ich nicht vor Kummer, sondern aus Liebe. Alle Puzzleteilchen meines Lebens schienen auf ihren Platz zu fallen, und das letzte Bild, das erschien, war die Gestalt des Wilden Mannes, die am Ende des Märchens wieder als König auftritt. Er sagte: »Ich war es, aber ich konnte es dir nicht sagen.« Ich begriff, daß ich von Anfang an durch die Geschichte begleitet worden war, um zu entdecken, was tief in mir drin verborgen lag. Es hatte 25 Jahre gedauert, bevor ich die Kraft und die Einsicht hatte, dieses Siegel aufzubrechen. Lange habe ich mit Scham- und Angstgefühlen gerungen und war um den Aufbau eines gesunden Selbstwertgefühls bemüht.

Der verwundete Heiler

Die Erfahrung aus meiner Kindheit und die manchmal schwierigen Situationen in der Familie, in der ich aufgewachsen bin, waren der Antrieb für die Arbeit, die ich mache. In unserer Kultur werden Probleme oft als belästigend und unerwünscht betrachtet, aber ich habe gelernt, daß sie unsere größten Schätze an die Oberfläche bringen, wenn wir wirklich wagen, sie anzusehen. Der Umgang mit meinen eigenen Problemen hat mich auch in die Lage versetzt, andere Menschen bei ihren Wandlungsprozessen zu begleiten, wie die Schamanen, die bei den Indianern oft »wounded healers« genannt werden. Wenn wir unseren eigenen Schmerz und unsere Stärken kennenlernen, können wir sie auch bei anderen Menschen erkennen. Und dieses Erkennen ist lebenswichtig, weil es uns miteinander verbindet.

Männer führen oft ein gefühlsmäßig abgekapseltes Leben, weil sie nicht wissen, daß es eine gemeinsame Welt gibt, eine Welt der Männer, in der Geschichten und Erfahrungen uns mit anderen und dadurch mit uns selbst verbinden. Wir leben in einer Zeit, in der eine derartige Verbindung – eine Verbindung mit dem Göttlichen, miteinander, mit der Erde und mit der Natur – essentiell ist.

Die Rückkehr des Löwen

Ein anderer Film hat schließlich zum Entstehen dieses Buches geführt. Nachdem ich mit meiner Frau, die damals hochschwanger war, den Film *Der König der Löwen* gesehen hatte, wachte ich mitten in der Nacht auf. Ich saß aufrecht im Bett und hatte noch das letzte Bild eines Traums vor Augen: ein Buch mit dem Titel »Die Rückkehr des Löwen«. Es war, als ob ich in dem Moment den ganzen Inhalt des Buches gewußt hätte und die Geschichte nur noch aufzuschreiben brauchte.

Ich beschloß, mit dem Schreiben zu beginnen, und kaufte mir einige Hefte. Auf die erste Seite schrieb ich mit großen Buchstaben den Titel »Die Rückkehr des Löwen«. Am nächsten Tag wurde unsere Tochter geboren. Ihr widme ich dieses Buch.

Danksagung

Dieses Buch umfaßt einen Zeitraum von sieben Jahren, die Zeit, während der ich meine Entwicklung als Mann unter die Lupe genommen und andere Männer in Kursen und Seminaren begleitet habe. Viele haben mir bei dem Prozeß des Wegbereitens zur Seite gestanden, sowohl im persönlichen Bereich als auch bei der Entwicklung meiner Arbeit.

Von Herzen danken möchte ich Lonnie und Stefan Helgeson, die mich mit Robert Bly in Kontakt brachten und mir in einem fremden Land ein schützender Hafen waren; ebenfalls Robert Bly, der mir die Erlaubnis gab, seine Arbeit in den Niederlanden herauszugeben, und dessen Ideen für mich eine große Inspiration gewesen sind; Felix Erkelens, der mich in meiner Arbeit auf vielfältige Weise unterstützt hat; Karin Kraaykamp, die mir während einer schwierigen Phase meines Lebens und meiner Arbeit eine echte Mentorin gewesen ist und mir beigebracht hat, »die Füße auf dem Boden, den Kopf in den Wolken und das Herz auf dem rechten Fleck« zu behalten; Roel, Marcel, Paul, Bram, Richard und Johan, die Männer der ersten Stunde, mit denen ich zwei Jahre lang zusammengearbeitet habe, und besonders Frank Berger, mit dem ich in den ersten Jahren viele Wilder-Mann-Wochenenden durchgeführt habe; John Munsey und Sebastian Holzhuber, zwei Lebenskünstlern, die mich jeder auf seine Weise in die Welt des Dionysos einführten; allen Teilnehmern der Wilder-Mann-Wochenenden, die mir ihr Vertrauen geschenkt haben und von denen ich viel lernen durfte; allen Mitgliedern des »Männernetzwerks« in den Niederlanden und Belgien, die auf ihre Weise das Thema »Mann und Männlichkeit« wieder in das Rampenlicht gerückt haben; Gert Jurg für seine kritischen und guten Anmerkungen zum Manuskript, aber noch viel mehr dafür, daß er mein Freund ist; meinem Bruder

Piet-Hein für seine Ratschäge, wie ich mehr Geld verdienen könnte, die ich bis heute noch nicht verstanden habe, und Coen, vor allem deshalb, weil er einfach mein Bruder ist; meinen Eltern für die Tatsache, daß sie mich meinen eigenen Weg haben finden lassen, und für alles, was sie mir gegeben haben; Nick Bamforth und Babaji, die mir von der anderen Dimension aus bei der Arbeit an diesem Buch assistiert haben, und Marion, mit der zusammen ich auf dem Weg bin und die im letzten Moment dafür gesorgt hat, daß das Buch mindestens 20 Seiten dünner und insgesamt lesbarer geworden ist.

Empfohlene Literatur

Mythologie

Campbell, Joseph: *Die Kraft der Mythen. Bilder der Seele im Leben des Menschen.* Düsseldorf 1994.

Frazer, Sir James: *Der goldene Zweig. Das Geheimnis von Glauben und Sitten der Völker.* Hamburg 1989.

Moore, Robert / Gillette, Douglas: *The King Within. Accessing the King in the Male Archetype.* New York 1992.

Pearson, Carol S.: *Die Geburt des Helden in uns. Transformation durch die 12 Archetypen.* München 1993.

Männer

Bly, Robert: *Eisenhans. Ein Buch über Männer.* München 1991.

Corneau, Guy: *Abwesende Väter – Verlorene Söhne. Die Suche nach der männlichen Identität.* Düsseldorf, 2. Aufl. 1993.

Monick, Eugene: *Die Wurzeln der Männlichkeit. Der Phallus in Psychologie und Mythologie.* München 1990.

Rohr, Richard: *Der Wilde Mann. Geistliche Reden zur Männerbefreiung.* München, 19. Aufl. 1997.

Frauen

Bradley, Marion Zimmer: *Die Nebel von Avalon.* Frankfurt, 11. Aufl. 1985.

Estés, Clarissa Pinkola: *Die Wolfsfrau. Die Kraft der weiblichen Urinstinkte.* München 1993.

Williamson, Marianne: *Die Wiederentdeckung des Weiblichen.* München 1995.

Der Gral

Jung, Emma / Franz, Marie Louise von: *Die Gralslegende in psychologischer Sicht.* Düsseldorf 1997.
Matthews, John: *Der Gralsweg.* München 1989.
Matthews, John: *Der Gral.* Braunschweig 1992.
Mary Stewart: *Flammender Kristall.* München, 17. Aufl. 1992.

Dionysos

Euripides: *Bakchen.* Stuttgart 1994.
Daniélou, Alain: *Gods of Love and Ecstasy. The Traditions of Shiva and Dionysos.* Rochester 1984.
Evans, Arthur: *The God of Ecstasy. Sex Roles and the Madness of Dionysos.* New York 1988.

Jesus

Ferrini, Paul: *Love Without Conditions. Reflections on the Christ Mind.* S. Deerfield, MA, 1994.
Fox, Matthew: *Vision vom Kosmischen Christus.* Stuttgart 1991.
Graves, Robert: *König Jesus.* Darmstadt, Gent, Holle 1954.
Meurois-Givaudan, Anne und David: *Vom Geist der Sonne.* München 1993.

Sexualität

Douglas, Nik / Slinger, Penny: *Das große Buch des Tantra. Sexuelle Geheimnisse und Alchimie der Ekstase.* München 1997.

Zukunftsvisionen

Carey, Ken: *Sternenbotschaft 2. Das dritte Jahrtausend.* Planegg, 3. Aufl. 1993.
Thich Nhat Hanh: *Friede mit jedem Schritt.* Vortrag auf Tonkassette. Münsterschwarzach 1994.

Persönliche Entwicklung

Hay, Louis: *Heile Dein Leben.* München 1994.

Pierrakos, Eva: *Der Pfad der Wandlung.* Essen 1994.

Roberts, Jane: *Die Natur der persönlichen Realität.* Genf, 4. Aufl. 1991.

Ziegler, Gerd: *Tarot – Spiegel der Seele. Handbuch zum Crowley-Tarot.* Neuhausen (CH), 22. Aufl. 1992.

Initiationserzählungen

Castaneda, Carlos: *Reise nach Ixtlan. Die Lehre des Don Juan.* Frankfurt 1993.

Field, Reshad: *The Last Barrier. A Sufi Journey.* Shaftesbury 1985.

Hesse, Hermann: *Siddhartha.* Frankfurt 1952.

Millman, Dan: *Der Pfad des friedvollen Kriegers.* München, 6. Aufl. 1992.

Redfield, James: *Die Prophezeiungen von Celestine.* München 1994.

Stewart, Mary: *Die Merlin Trilogie:*
Flammender Kristall. München, 17. Aufl. 1992.
Der Erbe. München, 11. Aufl. 1986.
Merlins Abschied. München, 7. Aufl. 1991.

Tolkien, J.R.R.: *Der Herr der Ringe.* Stuttgart, 3. Aufl. 1993.

Initiationserzählungen für Kinder und Jugendliche

Dragt, Tonke:
Der Brief für den König. Weinheim 1995.
Der wilde Wald. Weinheim 1997.

Ende, Michael: *Die unendliche Geschichte.* Stuttgart 1985.

Anmerkungen

1 Irene van Lippe-Biesterfeld: *Gespräch mit der Natur*. München: Hugendubel, 1997, S. 37.

2 Terence H. White: *The Once and Future King*. London: Fontana, 1987. Dt.: *Der König auf Camelot*. Stuttgart: Klett-Cotta, 2. Aufl. 1995.

3 Robert J. Stewart: *Merlin. Das Leben eines sagenumwobenen Magiers*. München: Knaur, 1988.

4 John R. R. Tolkien: *Der Herr der Ringe*. Stuttgart: Klett-Cotta, 3. Aufl. 1993.

5 William Shakespeare: *Wie es Euch gefällt*. Stuttgart 1993.

6 Veronica Ions: *Die Götter und Mythen Ägyptens*. Klagenfurt 1988.

7 Lingam bedeutet Penis. »In der indischen Tradition wird das Lingam als das Geschlechtsorgan von Shiva betrachtet, als die Verkörperung aller kosmischen Kreativität.« Nik Douglas & Penny Slinger: *Das große Buch des Tantra. Sexuelle Geheimnisse und Alchimie der Ekstase*. Basel: Sphinx, 1985, S.223.

8 Emma Jung & Marie Louise von Franz: *Die Grallegende in psychologischer Sicht*. Düsseldorf 1997.

9 Brüder Grimm: *Kinder- und Hausmärchen*. Frankfurt: Insel, 2.Aufl. 1994.

10 William Shakespeare: *Hamlet, Prinz von Dänemark*. Frankfurt: Insel, 5.Aufl. 1993.

11 Brüder Grimm: *Kinder- und Hausmärchen*.

12 Robert Bly: *Eisenhans. Ein Buch über Männer*. München: Kindler, 1991.

13 Jonathan Porritt: *Rettet die Erde*. Hamburg – Remseck: RVG Interbook 1991, S.183.

14 Grete Bockholt: *Een graalsburcht in de hersenen*, Gralschrift: Leiden Sommer 1987.

15 Michael Ende: *Die unendliche Geschichte*. Thienemann: Stuttgart, 20.Aufl. 1985.

16 Marion Zimmer Bradley: *Die Nebel von Avalon*. Frankfurt: Fischer, 11.Aufl. 1985.

17 Mary Stewart: *Der flammende Kristall*. München: Heyne, 17.Aufl. 1992.

18 Wolfram von Eschenbach: *Parzival*. Stuttgart: Reclam, o.J.

19 Seattle: *Häuptling Seattles Rede. Wie kann man den Himmel verkaufen?* Göttingen: Lamuv, 1996, S.79 und 85.

20 Veronica Ions: *Die Götter und Mythen Ägyptens*. Klagenfurt: Neuer Kaiser 1988.

21 Rosemary Sutcliff: *Robin Hood. Kämpfer für Freiheit und Gerechtigkeit*. München: dtv, 8. Aufl. 1993.

22 William Shakespeare: *Hamlet, Prinz von Dänemark*, II. Akt, 2. Szene.

23 M. Thompson: *Gay Soul*. New York: Harper Collins, 1994.

24 William Shakespeare: *Hamlet, Prinz von Dänemark*, I. Akt, 5. Szene.

25 William Shakespeare: *Hamlet, Prinz von Dänemark*, I. Akt, 2. Szene.

26 Marie Luise von Franz: *Das Weibliche im Märchen*. Waiblingen – Hohenacker: Bonz, 1977, S. 160.

27 Maria Advaita Bach: »Moeders en Zonen«. *De Wildeman*. Zeitschrift für Männer, Nr. 4, Amsterdam 1993.

28 Clarissa Pinkola Estés: *Die Wolfsfrau* ist eine sehr schöne Anleitung für Frauen, die auf der Suche nach der inneren Erfüllung sind.

29 Gerd Ziegler: *Tarot – Spiegel der Seele. Handbuch zum Crowley-Tarot*. Neuhausen: Urania-Verlag, 22. Aufl. 1992, S. 60–61.

30 Euripides: *Die Bakchen*. Wiesbaden-Berlin: Vollmer Verlag, o. J., S. 194.

31 Arthur Evans: *The God of Ecstasy. Sex-roles and the Madness of Dionysus*. New York: St. Martin's Press, 1988.

32 Jean Shinoda Bolen: *Götter in jedem Mann. Besser verstehen, wie Männer leben und lieben*. Basel: Sphinx, 2. Aufl. 1994.

33 Erich Neumann: *Die große Mutter. Eine Phänomenologie der weiblichen Gestaltungen des Unbewußten*. Olten, Freiburg: Walter, 2. Aufl. 1987.

34 Robert Moore, Douglas Gillette: *König, Krieger, Magier, Liebhaber*. München: Kösel, 1992, S. 13.

35 *De Wildeman*. Zeitschrift für Männer, Nr. 2, Rotterdam Winter 1993.

36 Asa Baber, zitiert im Vorwort von *MAN!, Men's Issues, Relationships and Recovery*, Winter 1991.

37 John Gray: *Männer sind anders, Frauen auch*. München: Goldmann, 1993.

38 Nik Douglas & Penny Slinger: *Das große Buch des Tantra*, S. 220.

39 Aus dem »Chandamaharosana-Tantra«, Nik Douglas & Penny Slinger: *Das große Buch des Tantra*, S. 220.

40 Jean Auel: *Das Tal der Pferde*. München: Heyne, 16. Aufl. 1992.

41 Brüder Grimm: *Kinder- und Hausmärchen*.

42 Robert Bly: *Eisenhans. Ein Buch über Männer*.

43 Richard Rohr: *Der wilde Mann: Geistliche Reden zur Männerbefreiung*. München 1986.

44 Robert Moore, Douglas Gillette: *König, Krieger, Magier, Liebhaber*, S. 12.

45 Khalil Gibran: *Der Prophet*. Solothurn, Düsseldorf: Walter, 28. Aufl. 1993, S. 16.

46 Carlos Castaneda: *Reise nach Ixtlan. Die Lehre des Don Juan*. Frankfurt: Fischer, 1993.

47 Mary Stewart: *Flammender Kristall*. München 17. Aufl. 1992.

48 Monick, Eugene: *Die Wurzeln der Männlichkeit. Der Phallus in Psychologie und Mythologie*. München: Kösel, 1990.

49 C. G. Jung: *Erinnerungen, Träume, Gedanken*. Aufgezeichnet und herausgegeben von Aniela Jaffé. Zürich: Walter, 1986.

50 Gerd Ziegler: *Tarot – Spiegel der Seele. Handbuch zum Crowley-Tarot*, S. 64.
51 Robert J. Stewart: *The Elements of Creation Myth*. Shaftesbury (GB): Element Books 1989.
52 *Babaji – Botschaften des Meisters vom Himalaya. Ich bin du*. Hrsg. von Maria-Gabriele Wosien. Göttingen 2. Aufl. 1986, S. 74.
53 Ilya Prigogine, Isabelle Stengers: *Dialog mit der Natur. Neue Wege naturwissenschaftlichen Denkens*. München: Piper, 2. Aufl. 1993.
54 Gerd Ziegler: *Tarot – Spiegel der Seele*, S. 69.
55 Mircea Eliade: *Kosmos und Geschichte. Der Mythos der ewigen Wiederkehr*. Frankfurt: Suhrkamp, 1994, S. 30.
56 Schwarzer Hirsch / John Neihardt: *Ich rufe mein Volk. Leben, Visionen und Vermächtnis des letzten großen Sehers der Ogalalla-Sioux*. Göttingen: Lamuv, 10. Aufl. 1993.
57 Mircea Eliade: *Kosmos und Geschichte*, S. 30.
58 Vivianne Crowley: *WICCA. Die alte Religion im neuen Zeitalter*. Bad Ischl: Edition Ananael, 1993.
59 Gerd Ziegler: *Tarot – Spiegel der Seele. Handbuch zum Crowley-Tarot*, S. 49.
60 Martin Buber: *Die Erzählungen der Chassidim*. Zürich: Manesse, 1949, S. 394.